修訂二版

危險與祕密

—— 研究倫理

嚴祥鸞 主編

余漢儀 畢恆達 嚴祥鸞
周雅容 胡幼慧 合著

三民書局

Society

國家圖書館出版品預行編目資料

危險與祕密：研究倫理 / 嚴祥鸞主編,余漢儀等著.－
－修訂二版二刷.－－臺北市：三民，2018
面；　公分

ISBN 978–957–14–6080–2　(平裝)
1.社會學 2.學術研究 3.研究方法

540.1　　　　　　　　　　　　　　　104019363

© 　危險與祕密
　　　——研究倫理

主　　　編	嚴祥鸞
著 作 人	余漢儀等
發 行 人	劉振強
著作財產權人	三民書局股份有限公司
發 行 所	三民書局股份有限公司
	地址　臺北市復興北路386號
	電話　(02)25006600
	郵撥帳號　0009998–5
門 市 部	(復北店)臺北市復興北路386號
	(重南店)臺北市重慶南路一段61號
出版日期	初版一刷　1998年8月
	修訂二版一刷　2015年10月
	修訂二版二刷　2018年4月
編　　　號	S 541100

行政院新聞局登記證局版臺業字第○二○○號

有著作權‧不准侵害

ISBN　978–957–14–6080–2　　(平裝)

http://www.sanmin.com.tw　三民網路書店

修訂二版說明

　　《危險與祕密——研究倫理》關注從事社會研究者可能遭遇的困境，並重新思考學術社群對社會應有的責任，是研究者值得一讀的參考書籍。

　　本書自 1998 年初版以來，承蒙讀者喜愛，已多次再刷。惟舊版字體較小，為了便利讀者閱讀，乃重新加以排版，除了放大字體外，並設計新式版面，使其更美觀大方；同時梳理文句，使字詞行文更臻完善，期望讀者在閱讀時更加舒適與流暢。本書若有未盡妥善之處，尚祈學者專家、學界先進惠予指正。

三民書局編輯部謹識

編者序

緣　起

從開始教書，就講授「研究方法」課程。一直認為研究倫理很重要，是社會研究的關鍵。開始幾年我都將研究倫理排在理論後面、方法前面，如此方式與其他講授者非常不一樣。但是學生，即使是得寫論文的研究所同學反應也不熱烈，因為大學開設的「研究方法」課程，不是不知所云，就是根本就不屬於研究方法，遑論講授研究倫理。

直到幾年前，研究方法的課程討論到研究倫理時，我請同學試從自己的訪談或問卷經驗，對照書上的研究倫理準則，各舉一例討論，有無違反研究倫理？我仍清晰地記得當天同學討論的情形，那天的情形猶如一場懺悔大會。有人為賺外快，去做食品市場問卷，結果不是在家獨力完成幾十份問卷，就是分送親朋好友協力完成；有人因為任課教師限定要完成特定數目問卷作為作業成績；或者是老師的計畫得在一定時間完成，要求同學完成問卷等，都是為了交差了事，從不知有研究倫理這回事。面對這個情景，我除了震驚和感嘆外，從此把研究倫理放在研究方法的第一堂課，希望可以做些實質的改變。

也在這個時候，我自己從量化研究轉入質性研究，實際參與實地研究。當自己對研究涉入越深，心情也就越戒慎恐懼，好比「如履薄冰，如臨深淵」般，尤其我第一個質性研究計畫是以參與觀察和訪談方法，探討高科技工作職場的性別不平等關係。整個研究過

程，我在困境中掙扎，在不斷地反省與思辯的過程中，開始質疑傳統研究倫理是誰的倫理規範？又如何界定有無違反研究倫理？我在1996年臺灣社會學會「拓邊／扣邊」學術研討會發表〈訪談的倫理和政治——女性主義社會學者的自我反思〉論文，可以算是我對傳統研究倫理的反省，也可以算是我和研究倫理結緣的開始。

近年，質性研究突然非常熱門，一下子成了研究生最喜愛的研究方法。這個現象可追溯到胡幼慧1996年編《質性研究：理論、方法及本土女性研究實例》一書談起，質性研究不但成為解決社會問題的萬靈丹，而且人人都會，至於什麼是質性研究卻是個問號。臺灣目前的學術生態，研究倫理不但不被重視，而且極為貧乏。因此，在研究場域問題叢生。胡幼慧、周雅容、余漢儀、畢恆達以及我，為了解決質性研究熱潮衍生的問題，認為出版一本「研究倫理」的書不但必要，而且非常急迫。於是，1996年12月我們有此構想，1997年1月開過一次編輯會議，討論大綱和細節，由我忝為主編，在2月截稿，希望這個學期出版。慚愧的是：除了我，其他作者都在2月初，最晚2月底交稿。我在撰寫過程中，周遭發生一些事，事件的本質反映目前社會體制倫理失序，諸如教學機構專業倫理模糊不清，令我質疑自己撰寫「研究倫理」的意義是什麼？矛盾糾結的困境是我遲遲未能完稿的主要原因，特此說明和致歉！

研究倫理：為什麼危險？有什麼祕密？

我們的書名為什麼是《危險與祕密：研究倫理》？又為什麼研究倫理會有危險？會有什麼祕密？此可以從社會研究本質是祕密的、會碰撞權力核心的談起，研究倫理可以保護弱勢被研究者，卻也是強勢被研究者阻擋研究者進入探究祕密的最佳屏障，而研究者一旦

揭露這些祕密，不但在過程中要冒著風險，容易陷入危險困境，而且要為此付出相當的學術代價。因此，研究倫理既是危險，也是祕密。

根據實證主義的邏輯，研究者和被研究者是兩個分開的個體。研究倫理是研究者針對研究對象擬定的一套既定原則，研究者和被研究者都相信，研究者的知識是最具權威的，擬定的研究倫理也是真確的，研究者就是決定社會研究倫理的最佳人選。不同於實證主義，詮釋學派視真實為社會建構，研究者就是從他和被研究者的互動，了解社會建構，兩者互為主體。晚近，研究倫理到底在保護誰？又在規範誰？一直是備受爭議的議題。受限於研究本質是祕密的，原來研究倫理旨在使弱勢被研究者免於被迫害，遭遇危險。事實上，社會研究的被研究者多為弱勢者。研究倫理能夠規範的僅止於弱勢被研究者，而非強勢被研究者或研究者。

根據研究倫理，研究者在研究開始，應給被研究者同意書，然而弱勢被研究者多數不但沒見過同意書，而且從未被告知他們可以拒絕。相反地，研究者從事組織機構的研究或被研究者較強勢（如菁英），則會要求研究者給予明確同意書和研究計畫書，如果研究目的會揭露組織結構的祕密，被研究者的組織機構可以拒絕。誠如 Galliher (1982) 批判，由於政府和產業被視為權力的核心，許多議題被列為與國家安全和經濟發展有關，列入專業倫理，不能談、不能研究、不能公開，當然不能進入，也無法取得。若由「不當」方式取得這些「祕密」，不但違反專業倫理，還挑戰權力核心，陷入權力爭奪 (power struggle) 的危險困境。

以我是一個女性主義學者為例，性別和弱勢為我的研究主體，不論在學術社群或社會都在挑戰既存的父權權力關係，無疑是種政

治行動。面對這些性別政治 (sexual politics) 的責難，接受？反駁？或抗議？的反應都是危險的。接受表示同意現存的女性倫理，是種妥協的政治，已失去社會研究者在社會研究的責任，更嚴重的是自己也加入再製父權權力關係的共犯結構。反駁或抗議是明示不同意現有的父權權力關係，是種積極的政治行動。積極的政治行動，女性主義學者不但會使其個人在學術發展受阻，例如，著作出版、升等和獎助的受阻，而且還可能無法進入學術社群。研究者鮮少將這些社會研究的遭遇，特別是困境、危險以及祕密，以學術論文方式發表，是研究者在研究倫理缺席的原因。

為了解開社會研究倫理的謎（祕密），因此，我們將此書命名為《危險與祕密：研究倫理》。

章節介紹

研究倫理包含的面向很廣，不是一本書可以含括的。為了使讀者對研究倫理能有清晰的概念，這本書的內容從一般原則性的社會研究的倫理、社會研究的研究者與倫理，到女性主義的倫理，再從女性主義倫理到語言互動與權力，最後以參與式的實踐取向研究倫理結尾。本書編排的順序依上述內容性質排序，第一章為余漢儀的〈社會研究的倫理〉，第二章為畢恆達的〈社會研究的研究者與倫理〉，第三章為嚴祥鸞的〈女性主義的倫理和政治〉，第四章為周雅容的〈語言互動與權力：倫理的思考〉，第五章為胡幼慧的〈參與式研究：從研究方法來解決知識權力的不平等〉。

余漢儀的第一章〈社會研究的倫理〉先從研究倫理的意涵，討論目前臺灣學術社群研究者彼此之間對研究倫理態度的隱晦不明，迄今學術社群才開始「同儕審查」議題。余漢儀在研究倫理意涵討

論研究者和贊助者之間關係時，也提出每年委託計畫的應用，以及研究者是否真能保持客觀中立等問題。至於研究者和研究對象之間的遊戲規則如何，她則放在研究倫理之維持和兩難討論。余漢儀強調，儘管研究倫理的維持不易，常會面臨兩難的困境，惟研究對象的權益是研究倫理重要前提，切記研究結果不可以「責備受害者（研究對象）」(victim-blaming)，違背社會研究解決社會弱勢的目的。鑑於研究倫理的重要性，關於整個社會權力關係，余漢儀主張研究倫理的加強要從專業自律、政府立法以及民眾教育三方面做起。最後，余漢儀從自己求學、研究過程以及督導學生研究、實習，討論研究倫理的實踐。綜合言之，余漢儀的第一章給予我們一個概括性的研究倫理視野。

畢恆達的第二章〈社會研究的研究者與倫理〉，則從為什麼研究者在研究論文的缺席開始，從西方學者的反省，歸納研究者在研究論文缺席有五個面向：(1)研究者的內在價值衝突；(2)研究者的文化與權力優勢；(3)相同田野，不同詮釋；(4)詮釋學的啟發；以及(5)女性主義的反省與挑戰。接著，畢恆達聲明研究從選擇題目、接受贊助、資料蒐集分析到寫作與發展，都會涉及政治與倫理，沒有所謂客觀中立。他並從傷害與利益、研究過程中研究者與研究對象的關係、田野研究的後果、隱私權、同意書、隱藏式研究、公開研究的欺騙到另一種欺騙與作假，分別討論不同層次面向的研究倫理。不同層次面向的研究倫理討論讓我們更清楚了解研究倫理的錯綜複雜，其中，畢恆達以碩士論文為例，說明當他發現他的訪員沒有做訪問，自己假造問卷，只好把幾十份問卷丟棄，重新來過，展現研究者對待研究倫理的態度。最後，畢恆達以性別議題，從研究詮釋的理論觀點，討論研究者詮釋研究結果，其研究倫理關鍵是不能傷

害與歧視女性。

嚴祥鸞的第三章〈女性主義的倫理和政治〉則從女性主義的觀點，討論研究的倫理和政治。由於女性主義的論述、研究和實踐都會衝撞父權體制的權力關係。因此，女性主義的倫理也就等於女性主義的政治。首先，嚴祥鸞討論傳統倫理的流派和女性主義對傳統倫理的批評，傳統道德倫理是疏離脫節的，不但不能充分解釋女性的經驗，反而再製父權體制規範女性的倫理。接著，嚴祥鸞從性別在社會生活和社會研究倫理的位置，討論女性如何深陷在女性倫理的蜘蛛網中，並舉例說明女性在生活世界和研究場域遭遇的困境。例如，「細心」被建構成為女性的特質，更被建構成照顧、養育的女性道德倫理。一旦女性拒絕扮演或未能善盡此一女性角色，就會有「懶女人」的標籤。最後，嚴祥鸞討論什麼是女性主義的倫理意涵？女性主義如何從女性倫理脫困？以及女性主義如何回應性別政治？嚴祥鸞的結論：女性主義的倫理不但在挑戰既存的傳統倫理，同時，女性主義的倫理也積極地建構沒有壓迫、沒有宰制的社會和政治結構。女性主義的倫理不僅適用於女性主義者，而且適用所有社會研究者、所有道德論者以及所有政策制定者。倫理和政治的實踐不僅適用在研究，也適用在醫病關係和其他政治行動，女性主義的倫理一詞只是個準用名詞，它包含族群主義的倫理和異性戀的倫理。

周雅容的第四章〈語言互動與權力：倫理的思考〉延續第三章女性主義的視角，透過語言、知識以及權力之間關係的解析，提供社會、醫學研究以及專業領域中對倫理議題一種另類的思考。首先，周雅容揭示，宣稱社會研究是客觀的，不涉及任何價值判斷的，即已模糊社會結構及社群權力不平等現象，隱涵著維護現存體制的權力結構和既得利益階層的優勢地位。因此，第二部分即從女性主義

視角批判傳統倫理衍生的倫理問題，指陳倫理必須紮根在人類生活的社會脈絡結構中。例如，女性所處的社會脈絡，面臨各種壓迫權利宰制關係。其中，語言和知識、權力運作有密切關係，語言本質上就是權力的展現和抗拒。第三部分有很精彩的分析，誠如周雅容所言，多數人視語言為人際溝通的工具，鮮少視為權力關係的運作。雖然「夫唱婦隨」在形容家庭和樂的圖像，同時也呈現父權體制「男主外，女主內」的家庭倫理規範，男性是主導者，女性是從屬者。不但家庭倫理反映父權體制，高等教育的學術機構也不例外，稱呼男性教師為「教授」，稱呼女性教師為「小姐」，一樣反映父權的男性霸權。在知識和權力的討論，周雅容批判，專家經常宣稱婦女在性侵害中，不懂自我保護的論述，是另一類型的權力宰制。專家研究者必須嚴肅面對自己是否已成為霸權共犯的倫理思考。在醫學倫理的討論，以「代理孕母」為例，進一步指出人工生殖醫療專業，以威權者要求弱勢的代理孕母不能為金錢獲利代孕，說明其中權力結構和倫理界定的意涵。唯有專業者自我反思，充權性的分析及批判不同的知識論述與社群權力的互動關係，才有可能以行動改善不平等權力宰制關係。

胡幼慧的第五章〈參與式研究：從研究方法來解決知識權力的不平等〉，即在討論研究是生產知識的途徑，研究的倫理牽涉的不只是個別研究者的行動，而是整個知識生產和消費體系的不公平問題，其中，「參與式研究」——被研究者的參與就是對抗知識市場不公平運作的重大另類改革之一。胡幼慧澄清，參與式研究係指「被研究者的參與」，而非「研究者的參與」。實質上，參與式研究誠屬研究者和被研究者關係是種合作關係，可視作一種知識上的社會運動，是一種對「學術界」宰制知識之權力結構的轉化。透過結構轉化的

「充權」，來改變「不符合倫理」的知識市場運作，進而產生「有效行動」，改善自身生活的方式。此外，胡幼慧在知識與權力重組，對於民間知識體系的再生和女性主義與參與式研究，有詳盡的討論。最重要的是，胡幼慧分別提供幾個參與式的評估研究和參與式的社區研究的實例，使我們更了解參與式研究的方式。最後，再以幾個國外女性參與式研究實例，討論性別與參與式研究的考量。同時，胡幼慧呼籲，希望參與式研究的引入，不但能有效規範研究者的權力濫用，而且能有效地促進國內知識民主化、責任政治運作、弱勢充權以及民間知識的發展。

　　最後，我們希望這本書的出版可以解決在社會研究遭遇的困境，也希望這本書的出版可以轉化學術社群對知識的宰制，重新思考學術社群在社會應有的責任。此外，我要再次謝謝本書作者們的合作，如果不是大家一起努力，我們不會有今天的成果，謝謝！

嚴祥鸞

參考文獻

胡幼慧主編 (1996)，《質性研究：理論、方法及本土女性研究實例》，臺北：巨流。

Galliher, J. F. (1982). "The Protection of Human Subjects: A Re-examination of the Professional Code of Ethics," pp. 152–165, in M. Blumer (ed.), *Social Research Ethics*. London: Macmillan.

目　次

第一章
社會研究的倫理

余漢儀

- 學歷：美國伊利諾大學（香檳校區）社會工作學院博士
- 現職：國立臺灣大學社會工作學系暨研究所教授
- 專長：社會政策與立法、兒童保護／家庭暴力、人群服務組織及弱勢群體、精障社區復健

　　有人說臺灣是研究者的樂園，因為相較於國外有政府立法、專業團體規範學術社群的研究活動，我們卻只能訴諸個別研究者的學術良知，研究參與者的權益有如刀俎下的魚肉任憑宰割。本文主要是為那些相信研究者應顧及倫理責任的讀者寫的。雖然不肖的研究者的確存在，但是筆者寧願相信侵害研究倫理，極多時候是出於研究者缺乏敏感度，或雖有所察覺卻苦無因應技術；因而除了建立外在規範的機制外，研究過程所涉及的倫理議題也應有更多公開的討論。「研究倫理」究竟意指何物？為什麼是研究者需要考量的？有哪些原則及具體作法可以平衡「研究自由」與「研究參與者權益保障」？權力不平等的兩造是否可能建立公平的遊戲規則？最後，筆者以自身的田野工作經驗及研究教學實例，討論研究倫理的實踐。

✎ 一、研究倫理之意涵

　　「倫理」(ethics) 一詞通常會讓人聯想到「道德」、「是非對錯」等概念，與對、錯行徑的研究有關，但這或對或錯的分野卻是因人而異。在《韋氏字典》中對 ethical 的界定就採取了相對性的看法：「符合某一專業／群體的行為標準」。原來我們所認為日常生活中的道德、倫理，不過是所屬群體成員間在某特定時空的共識而已；若你期望的是一種絕對道德標準，就難免要大失所望了。所以從事社會科學研究時，最好先了解你所屬的學術社群對知識探索的看法如何。追求知識、探索人類行為現象的目的是崇高的，但取得知識的過程是否就能不擇手段？目的與手段兩者之間如何取得平衡？「研究自由」及「研究參與者的權益保障」如何兩全？本節將先討論涉及研究活動的不同成員間的關係及可能發生的倫理衝突，由於「倫理」

在不同時空脈絡有其相對意涵，所以就會不可避免地論及臺灣的社會研究現況。

研究活動的參與成員除了研究者、研究對象，還有研究贊助者，及研究消費者的社會大眾，各有其利益考量和優先順位。當然，這幾種角色也未必是截然劃分的，例如，有時政府單位除了是研究主要的經費贊助者，也是依據研究發現作政策的制定者（兼研究消費者），影響到社會大眾的生活。本文主要在討論研究者與研究對象的關係，但研究活動中其他成員的相互關係（雖然在有些倫理守則或政府立法中沒有規範）也是研究倫理的一部分。因此，在本節將先探討研究者彼此之間，以及研究者與贊助者之間的關係。

(一)研究者彼此之間

雖然「抄襲、剽竊」在學術界是為人所不齒的，卻也是三不五時就有所傳聞；隨著各種有關著作權立法通過，或許能稍稍嚇阻類似行為，但大部分相關爭議卻不是單純的「原文照抄」那般容易區辨。例如，某些教授單獨具名發表與學生合作的作品，或者將同儕討論得來的點子據為己有，雖然是首次發表，但是否也算剽竊原創？西文雜誌論文作者動輒感謝與某某人討論而激盪出某些構想的作法，在臺灣似乎並不多見，或者被視為多此一舉。

又如某些學者專家每年申請研究補助，但計畫書以及研究成果的品質不穩，寫作風格也不定，細究其因，竟然和他們當時所聘研究助理的功力有關。雖說助理受薪所完成之工作自當視為公物，但若不僅於單純的資料蒐集、登錄，還涉及原創性，那究竟該算是誰的作品呢？目前臺灣開始流行整合型計畫，政府也似乎有意鼓勵類似主題的個別研究能以整合型計畫提出申請；但除非研究小組成員

能事先協調好個別分工，及在報告中註明各人的貢獻，否則就又難免因襲學術界陋規：資深卻可能對研究出力最少者掛名第一，而擔任研究主力的資淺者卻往往敬陪末座，這是否又意味著「輩分倫理」(seniority) 凌駕「績效倫理」(merit) 之上呢？

「同儕評鑑」(peer review) 是另一個影響深遠的議題。學術圈的職位升遷、研究補助申請、投稿學術期刊發表論文，往往是借助兩、三位學術同行審查，目前大多是以單方隱名，亦即審查者匿名的方式；其假設邏輯是審查者會公正無私，但被審者未必有雅量接受批評。目前逐漸有以雙方隱名的方式進行，雖然有人質疑臺灣各學術領域人數不多，認為未必真能達到匿名的效果，但這仍是一個趨勢，希望審查者能善盡倫理、公正客觀。

中研院社會學研究所籌備處曾舉辦過一場「同仁評鑑」研討會，除了對此制度所期許的理想精神有詳盡討論外，也不諱言它在臺灣的實際運作問題──可能成為一種不便公開承認的權謀或自利活動（張茂桂，1997），其中對國科會獎助之缺乏「申覆制度」的批判也一針見血（傅大為，1997）。除了企圖還原「同儕評鑑」制度的原本面目，對審查者應「隱名」或「顯名」也各有論點（孫中興，1997）。同儕評鑑制度的功能究竟是「使學界的卓越成就者出人頭地，以促進人類知識累積與進步」，抑或是「資源權力的分配以建立學者權威與等級，形成學術派系間的爭權」（錢永祥，1997）？學界能將此擺上檯面公開辯論，也算聊備了初步自我反省的能力。

㈡研究者 vs. 贊助者

不論是政府單位或民間團體的研究贊助，自會有其研究偏好方向，除了希望在此領域有專長的研究者申請外，有時贊助者對研究

會有預設的立場，使得情況變得複雜。諸如事前明示或暗示研究者贊助機構所期望的研究結果，事後要研究者斷章取義，發表有利贊助者立場的結果，或隱瞞研究的真正目的及背後的贊助者等 (Bailey, 1987: 418)，在這種情況下所完成的研究自是為既定政策背書。

朱元鴻 (1997) 就曾以三個美國學術案例，生動地討論此兩者之間可能的幾種矛盾衝突。當然，也有說法是學者的研究其實未必能用，多半是變相的公關策略、浪費公帑。相較國外，我們政府各單位幾乎都有編列委託研究預算，且自設研究發展考核部門（所謂的 R&D），至少在形式上滿注重研究活動的。

若就歷年的政府委託研究的應用 (utilization) 情況做績效評估，看看有多少研究被束之高閣？有多少是影響實務、形成政策？結果必然耐人尋味：低度使用的研究結果究竟是因所託非人而品質堪慮，還是委託研究不過消化預算、每年應卯一番？當然委託研究因編有研究主持費，而學界亦不乏有以來者不拒接研究賺外快之人，名利雙收何樂不為？某些企業不惜高價聘請學者做研究，但有意無意透露贊助單位的立場，多少研究者又能保持客觀自主性？研究結果的使用原本就是極度政治性的，被誰使用、為何使用、如何使用等都是步步機關，身為研究者就更不可忽略研究發現所可能引發對社會上不同社經階層、不同性別成員的潛在效應。

至於研究者與研究對象權益衝突的案例，在臺灣似乎極少聽聞，至少在學界還沒有正式討論過，但倒未必是臺灣的學者較遵守研究倫理，未曾侵害研究對象的權益，很可能是這個問題根本尚未被察覺。由於社會科學實證研究多半採用抽樣調查或電話訪談進行，即便問項設計粗糙引起受訪者不快，大抵也止於拒訪或亂答，頂多影

響研究資料品質，對研究對象造成的傷害或許有限。

近年質性研究 (qualitative research) 風潮漸起，研究者透過深入訪談和參與觀察等技巧，探索研究對象的生活種種。如此一來稍一不慎，即有可能損及研究參與者的權益。西方由於六〇年代的民權運動以及其後的消費者主義、公民權利的觀念深植，相對地對個人權益的觀念也較為敏感。東方文化則隱含信服威權的因子，又賦予所謂「學者專家」極多特權，民眾面對頭頂學術光環的研究者（某某大學的教授、某某研究機構專家），是否能意識到自己並沒有責任要無條件配合？也就是說，他們是有權利對研究者說「不」的。一般民眾是否能覺察到有哪些問題會侵犯到隱私？或者民眾面對研究者時，本身是否有「自我權益」的觀念？而研究者除了研究技術的訓練外，即使研究對象並沒有抱怨，是否有足夠的敏感度，時刻自我覺察到資料蒐集過程中的不當作法？

換言之，臺灣的研究者是否已覺察到「研究倫理」的必要，應該怎樣看待研究對象？他們只是予取予求的資訊提供者 (informant)？還是他們也是研究夥伴，基本的權益該受到尊重？但是又該由誰來決定哪些是基本權益呢？下節我們就接著探討，在整個研究活動中，究竟有哪些遊戲規則可以規範研究者與研究對象間的關係？而又必然會面對哪些困境？

二、研究倫理之維持與兩難

社會研究所關注的社會現象往往是負面的，亦即是要「社會問題」才會引起研究者的興趣，想探索其成因。Galliher (1973: 98) 就認為來自中產階級的社會科學者，慣於以低社會階層的人為研究對

象 (researching down)，而他卻堅信代表社會菁英的政府單位及企業領袖更應該被研究 (researching up)。Kagle 與 Cowger (1983) 也指出社會工作學者慣以案主的弱勢 (weakness) 為研究主題，這種隱晦而不自覺的變項 (variable) 處理方式，易埋下其後研究結果導致「責備受害者」(victim-blaming) 的意涵，故而他們提醒也應以案主的優勢 (strength) 作相對研究。在傳統實徵的研究中，哪些變項會被採用，並非客觀、隨機的，它其實反映了研究者的意識型態；一旦變項確立，研究結果的解釋框架也隱然成形，故而昧於性別、社經階層及種族等不均權力結構的研究變項選取，都會造成扭曲的解釋。

針對既要呈現有害效應會如何影響研究對象，但又希望不會傷害研究對象的兩難，常見的研究策略建議不外：(1)改以動物實驗（然而也有保育人士不以為然）；(2)採用可大量減少受試者數量的電腦模擬；(3)針對已然發生的負向效應，因而無須承擔造成負向效應的責任（以警局的謀殺報告文件分析，取代觀察發生中的謀殺事件，可進一步避免應否介入的難題）；(4)控制變項（負向效應）使其影響量小並縮短時間；以及(5)部分抽樣等。雖然以上作法未必適用於所有研究主題，而且還是可能會造成對部分研究對象的傷害，但凸顯了研究者對研究情境嘗試操控的善意；矛盾的是，研究對象在這過程中進一步地失聲、隱形了。

研究倫理若是反映學術社群的共識，它自然也脫離不了社群所處社會脈絡 (context) 中文化信念、價值觀等的影響。研究對象究竟有哪些基本權益應受保障？不外乎生理及心理的免於受傷害、自主性 (autonomy) 及自我抉擇 (self-determination) 等原則。前者與確保參與者之匿名 (anonymity) 或為其保密 (confidentiality)、補償對照組 (recompensing control group) 及祛除負向後遺症 (alleviating harmful aftereffects) 等措施有關；後者則衍生為自願參與 (voluntary participation)、充分告知下的同意 (informed consent)、不可欺瞞 (deception) 及中途隨時撤銷 (retraction of consent)。

「經驗」對研究者面對倫理困境時的重要性自不贅言，但 Dane (1990: 38) 認為事前的研究規劃若能考慮即將面臨的議題，就有可能避免臨場的失措。「自願參與」雖表示對參與者的尊重，但也與顧及其後的資訊品質有關。參與者是否承受威脅利誘的勉強？是否察覺自身為研究對象？但很多研究主題須採非干擾觀察法（以避免霍桑效應）；另外，提供誘因（錢財或其他報酬）或隱瞞部分消息以提高參與率也是常用的操控技術，這些是否就使得所謂的「自願程度」打了折扣？如何能正當化認知心理實驗常用的欺瞞策略？這些顯然會縮減參與者「自主性」及「自我抉擇」空間的動作，是否能有事後補救的機會？事後告知詳情 (debriefing) 是許多研究者大力推薦的技術，以澄清任何因研究者之前欺瞞而造成的疑慮或不必要困擾。

「充分告知下的同意」則指提供研究對象所有可能的必要資訊，以利其能作出是否參與研究的抉擇。基本的資訊通常涵括：研究目的（內容）、參與者將被要求做些什麼、可能發生的風險或收穫、資料處理的保密措施、隨時撤銷同意（中途退出研究）的權利。國外由於政府立法及專業團體規範，幾乎都有標準的書面同意函格式；然而不可否認的，仍是由研究者來決定何者屬「必要」資訊及資訊的深度。臺灣雖無外界的規範，但也逐漸有研究者採用「受訪同意書」的方式進行田野工作，這種現象固然值得鼓勵，但若就此認為研究參與者的權益因而得到保障，就未免過度樂觀了。不止是同意書的內容，研究者如何將同意書呈現給參與者的動態過程，也可能需要被進一步檢視，才能將「同意書」等同於「充分告知下的同

意」。然而「告知／同意」一方面似乎保障了學術良知，但是否也造就了學術屈從的奴隸？依朱元鴻 (1997) 的說法是「讓權勢菁英的守門者得以拒絕研究者涉足他們控制的領域，以保護公眾或公務為理由，排拒公眾知的權利」；嚴祥鸞 (1997) 對高科技產業的田野工作，也生動的呈現組織守門人如何以要求明確的同意書，來排拒研究者進入。弔詭的是，倫理規範的要求其實也造就了有權勢者的護身符，本文第四節即以人群服務組織為例說明。

有些學者（Punch, 1994；朱元鴻，1997）認為所謂的「自願參與」可能只是個假象，在現實世界的社會研究過程難免涉及訊息操控、印象整飾 (impression management)，田野工作中的研究者和參與者特意經營彼此關係（interactively deceitful 或 mutual deceit），然後各取所需；所謂的信任／背叛、誠實／欺瞞，可能無法以簡單的直線邏輯化約。

既然判斷參與者的權益是否受損如此複雜，那麼是否仍有可供遵循的底限？Babbie (1995: 449) 認為這些倫理守則間的優先順位是存在的，而使參與者不致承受任何傷害是最要緊的。但你若認為這就是明確的指標，那就大錯特錯了，因為即使是問卷調查，也可能因題目本身用語不當，而引起填答者或受訪者的不舒服，或感覺隱私被侵犯，在某種程度上也是一種心理傷害。

另外，研究報告的書寫以整體統計 (aggregate data) 呈現該沒問題了吧？但有些受訪者一旦發現自己被歸類為「反社會行為」、「性活躍」等，會作何感想？是否不可避免的會影響其自我形象呢？這就說明了何以「匿名」及「保密」原則如此重要了。前者意指連研究者都無法指認誰是問卷填答者，但此要求可能只有不作記號的郵寄問卷才能達到；後者表示研究者雖能指認研究參與者是誰，但承

諾不洩露給他人。在報告書寫中以虛構的人名及地名、省略不必要的細節資訊以免研究對象被指認出，是常用的技巧，而這種書寫的技巧有賴平時累積的練習。即便如此，仍常有可能由研究者當時的所屬機構、居住地點（研究的田野常在附近），尋得蛛絲馬跡而猜出地點，特別是一些知名的國際城市更是容易指認。

值得注意的是，就算在國外，社會研究所得資訊，在法律上也並未取得類似向神父告解，或律師業務的「受保護溝通」(privileged communication) 之特權，一旦涉及訴訟，法庭有權強制研究者揭露研究參與者資料以為呈庭證物。鑑於美國曾發生過此類事例，故而有些研究者建議，一旦缺漏資料 (missing data) 補全，就應盡快將指認參與者的資訊銷毀，免得萬一公權力介入時進退兩難。

由以上討論看來，保障研究對象免於受傷害顯然並非易事，然而身為研究者卻應竭力追求可行措施。例如，事後補償控制組被剝奪的處遇，應是在實驗設計研究中最基本的標準流程。田野工作告一段落後，接續的是資料分析、詮釋及報告書寫，這些也並非純然屬於研究技術工具，它們對參與者的影響是更為深遠的。數字本身並不會說話，研究者的詮釋 (interpretation) 其實是關鍵，而研究者的研究能力 (competence) 及意識型態又將決定現象如何被重新建構。

例如，Jensen (1969) 以雙胞胎的發展來研判補習教育 (compensation education) 的效應，其結論引起極大爭議：包括論文的參考資料遺漏了不利於其結論的其他文獻，且忽略其資料的限制而作過度的推論。最令人困擾的問題是，若書寫不嚴謹的研究結果被外行的決策者採用或造成誤導，將直接使研究對象——需要補習教育的弱勢族群孩童受到傷害。筆者在此要再次強調，身為研究者，

最基本的社會責任，便是絕不輕忽研究結果對社會上任何一種弱勢成員的可能影響。

三、研究倫理守門人──權力遊戲

雖然訴諸正式文字的研究倫理遲至二次大戰後才出現，但之前早有口耳相傳及教科書上的零散討論 (Bierstedt, 1957)。其不外乎社會學研究者應力持中立、客觀、忠實地描述現象，亦即反映現實 (reality) 的「實然」而非理想的「應然」；研究發現固然可以應用轉換到政策上，但那也是決策者而非研究者應致力的事。

然而並非所有社會學者同意上述說法，有人就認為研究根本就不可能有所謂的「價值中立」或「無關政治」，而社會學理論是不能自絕於行動的，社會科學的主要任務就是解決社會問題。顯然的，此兩派對所謂的「真實」存在與否（是客觀存在或建構詮釋?）、研究的功能，都有相當歧異的看法。

再加上六〇年代後社會調查的規模越來越大，贊助社會研究的經費也逐漸增加，大量資料處理的電腦化，進一步令人質疑匿名和隱私保密的可能性。由於研究對象的擴增，研究活動對研究參與者的影響也才逐漸引起專業團體的注意。本節將就專業自律、政府立法及民眾教育三方面討論。

(一)專業自律──養成教育的反省及專業倫理守則

舉凡社會研究方法的英文教科書都闢有專章討論研究倫理，反觀國內中文研究法教科書則幾乎沒有著墨。或有人說，大學訓練充其量能使學生成為研究使用者，他們並沒有很多機會真正執行研究，

所以無須自找麻煩；筆者倒認為可能是部分教授研究方法的老師本身沒有概念，因而輕忽了事。研究所的研究法課程未必會用一本教科書，所以全看任課老師是否重視研究倫理。

　　實證研究的博碩士論文倒是可以一窺研究者對此的敏感度。國內社會科學的研究方法課程教學通常以量化方法為主，各專業有其傳統上的偏好：例如，心理學、教育學以實驗或準實驗設計為主，社會學、社會工作則以社會調查為主；前者因涉及對照組及實驗組，強調變項的控制，較多機會引起研究對象的行為改變或欺瞞等問題，然而即使在博士論文中，亦少見研究倫理的討論，令人無從了解研究過程中有何設計以保障研究對象之權益。

　　由於社會研究中的倫理議題通常是很模糊的，故而目前在美國大部分專業團體均訂有其倫理守則 (code of ethics) 以供成員參照。「全美民意調查協會」(American Association for Public Opinion Research) 為一科際整合之社會科學研究協會，早在 1960 年即訂有專業倫理守則 (Babbie, 1995: 456–457)，內容的第一部分與研究工作技術有關：例如，在研究設計、資料蒐集、處理、分析及詮釋應力求合宜，且應在研究報告中詳細描述研究過程及發現；第二部分則是針對「人」的專業責任：例如，1970 年修訂的條文，特別針對媒體的錯誤報導 (Bailey, 1987: 422)，強調當研究發現被扭曲時，有對公眾澄清的必要；對顧客的業務資訊及委託研究發現，則有保密之責（法律要求時例外）；不可欺瞞、強制或羞辱受訪者，並應竭盡所能保障其匿名性。

　　「全美社會學協會」(American Sociological Association) 的倫理守則在 1968 年訂定，重點在於強調合宜對待研究對象。到了 1980 年，此專業倫理守則的範圍擴及到非學術機構工作的社會學者、學

術發表及審查過程、教學及師生關係等，幾乎涵括社會學者的各種角色。

「全美心理協會」(American Psychological Association) 在 1981 年訂定的守則，大體與〈紐倫堡條例〉(Nuremberg Code) 相似，除了前者因為生物醫學研究較著重生理傷害的避免外，後者涵蓋心理傷害的減少及各種保密細節 (Dane, 1990: 56–59)，要求審慎考慮「欺瞞研究對象」的正當性，是否能有其他的替代方法？參與研究者在事後是否能盡快得到合理解釋，以避免任何不必要的誤解？研究者的倫理責任延伸至資料蒐集完畢，任何對參與者的影響（包括長期後遺症）、身心不適都須持續檢視並設法消弭。

臺灣的社會科學，例如心理學、公共衛生、社會學、社會工作等專業都有學會或協會等專業團體，但尚未見關於規範研究活動的倫理守則。心理學的傳統多以人學生為施測對象，以往規定修習普通心理學的學生有義務作心理學系的研究受測者，近年改為提供加分誘因給參與測試的學生，似乎較無爭議。然而施測完後通常沒有澄清或說明之前所予誤導之訊息，遑論有的測試還可能引起參與者的身心不適反應，或需要後續處遇 (follow-up) 了。

至於學術社群的活動是否有「研究倫理」的影子呢？1994 年初中研院民族所「社會科學研究方法檢討與前瞻」第二次科際研討會，主題是「質性研究」，其中有幾篇論文探討研究者角色（余光弘、蔡敏玲、丁雪茵及鄭伯壎、夏林清）。到了 1995 年中旬，輔仁大學應用心理學系舉辦「質化研究與專業實踐」系列研討會中，女性及社會議題不約而同的有來自建築學（王蘋）、心理學（夏林清、劉惠琴）及社會工作（陶蕃瀛）等不同專業背景的報告者，檢視研究與知識的互動，呈現更寬廣及虛心的面貌。隔年，中研院民族所週一

學術研討會討論的主題為「方誌底面：情緒與倫理面向」（朱元鴻，1996），同年東海社會學系與臺灣社會學社主辦的「拓邊／扣邊」研討會，也出現「訪談倫理和政治」（嚴祥鸞，1996）的專論。以上兩篇研討會論文後來也成為學術刊物正式發表的少數相關研究倫理論述。

專業成員大抵對訂立專業倫理守則的必要均有共識，然而對何種行為不符倫理原則就未必看法相同，此時訴諸成員自律的專業團體，其規範能力就有限，有待第三者的仲裁——政府立法。

㈡政府立法強制——第三者的仲裁

二次大戰期間納粹利用集中營戰俘所作人體實驗，此等駭人聽聞生化研究的揭露，促成了 1947 年「紐倫堡條例」規範醫療研究，算是最早的立法。美國針對生化研究在 1974 年曾通過「全國研究法案」(National Research Act)，設立「全美生化及行為研究人類受試者保護委員會」(National Commission for the Protection of Human Subjects of Biomedical and Behavioral Research) (Dane, 1990: 55; Dooley, 1990: 22)。

1929 年起「美國公共衛生服務」(American Public Health Services) 及一民間基金會作有關梅毒控制的研究方案，其中有一部分是監控未受治療梅毒患者的發病狀況，有醫護人員按時檢查，且盡可能避免這些患者有受治療的機會，又以提供喪葬補助換取病患過世後的解剖驗屍；即使到第二次大戰陸軍募兵的體檢，這些患者也成為漏網之魚；甚至到四○年代盤尼西林在實驗區的診所普遍使用時，研究小組仍設法不讓控制組成員接觸治療。研究小組一廂情願的認為，盤尼西林對梅毒末期病患的療效有限，更以持續此方案

對科學的貢獻凌駕一切，來正當化此種監控措施。直至 1972 年此事件為報章所披露，才終結此一長達四十年的研究方案 (Dooley, 1990: 19–20)。

Tuskegee 梅毒研究事件引發一連串公聽會，促成「衛生暨人群服務部」(Dept. of Health & Human Service，簡稱 HHS) 在 1974 年頒布臨時法規，管理所有接受聯邦補助涉及人類受試者的研究案，且要求凡是接受聯邦補助的機構都要設立「機構審查委員會」(Institutional Review Board，簡稱 IRB)，批准其成員所執行的研究。經過一段試用階段，在 1981 年 HHS 頒布了最後的相關規定，凡受 HHS 補助的研究須經事前的審查，與臨時法規極類似，只是為避免 IRB 承受過重的文書作業，允許多種例外情況，亦即不須審查的案例，包括：凡參與者為匿名，或受傷害之風險微乎其微的調查、訪談及觀察；公眾人物或公共文件的研究；學生作業練習的教育研究 (Dane, 1990: 56–57)。

相較於美國大學與研究機構普設 IRB，臺灣的研究活動是缺乏第三者仲裁的。就連政府最高研究機構的中研院及國科會，也沒有類似機制來制定研究者及參與者的遊戲規則。例如，類似 IRB 的機制應由哪些成員組成？比例如何？事實上，想要 IRB 發揮實質功能而不流於樣板，結構組成的均衡及審查流程清楚、明快的懲戒權都是關鍵。

何以 Tuskegee 研究有辦法逃過各種偵察長達四十年之久？這其中和受害者居於劣勢地位有極大的關連——在南方鄉下又窮又病的黑人，除了任憑當地及聯邦政府受白人掌控的強勢醫療結構宰割外，又能如何？但這些研究者原本絕非有意傷害人，出於利他的動機，他們對此研究相當自豪，除了定期發表其成果，甚至歡迎其他科學

家與實習生參觀。在六〇年代中期，一些同行對此研究曾有所詬病，但均以查無實據不了了之。回顧此事件，不禁令人要承認並非「善意」的學者就能對本身的研究保持客觀，而想靠非正式及非系統性的「同儕評鑑」來預防對受試者的傷害，也無異是緣木求魚。研究參與者若能對研究活動更熟悉，是否就較能保障自我權益呢？

㈢民眾教育及宣導──充權的可能性

研究倫理日受重視，除了政府立法強制外，婦女運動的核心概念：「個人的處境絕對是社經大環境所建構的」(personal is political)，強調打破傳統的強凌弱的權力關係而為平權的夥伴關係；及晚近「行動研究」(action research) 的改變既有權力結構的特色，都有利於重新檢視、挑戰研究者以及所謂的研究對象兩者間的權力關係。「行動研究」宣稱能聯結實務與（傳統）研究間的落差，在於其為問題取向 (problem-focused)，並在研究的過程中帶動改變，研究者透過喚醒意識 (conscientization) 及充權 (empowerment)，使傳統的研究對象不再處於被動的、被觀察及回答問題的位置，而是成為研究者平權的夥伴──協同研究者，也是行動者，一起來界定問題、詮釋問題、改變處境。首先明顯的改變可能在於稱呼，由充滿被動暗示的「受試者」(subject) 改為表示平權的「研究參與者」(participant)。

在臺灣專業自律及政府立法保障參與研究者的權益遙不可期的情況下，引發民眾面對研究時的權利意識，可能也是根本的解決之道。近年臺灣民眾的政治意識普遍覺醒，不像昔日對政治權威承諾的深信不疑，逐漸敢於表達自我看法。然而「學術圈」對一般民眾仍是陌生的，由於傳統東方文化對「仕」的看重，臺灣民眾（至少是媒體）似乎慣於容忍所謂學者專家的放言高論，學術研究也儼然

成了光環上的寶石，神聖不可碰觸。媒體對社會現象偶爾會引述社會研究發現，但絕少討論研究的可信度。講求研究發展的時代，政府與民間的研究經費資源，再加上學術升等須發表論文的壓力，逼使學者都得作研究，短短數年間已形成龐大的研究產業 (industry)，幾乎每個人都逃脫不了成為研究對象的命運。若研究活動過程的資訊能夠更多曝光，艱澀的學術用語能更大眾化、通俗化（有賴媒體推廣），才能撕破學術神聖的假象，使民眾對無孔不入、無所不在的研究活動恢復質疑的本能，也才能成為真正的「參與者」。

　　「充權」並非由無變有，而是協助弱勢排除障礙，感受本身的能力，藉著正面經驗的建立來引發內在潛力，從而相信自己是有能力的，並能藉集體的參與來造成改變，並重新掌控自己的生活。充權的過程，首先要使弱勢成員察覺到本身不利的處境，不再將之歸諸 (attribution) 於自我個人缺失，而能洞察相對的社會權力結構應有所改變 (Thomas & Pierson, 1995: 135)。「充權」的策略需要有優勢成員──研究者的投入，圈內人的現身說法更有助於偶像的破除。當研究活動能攤在陽光下受更多人的檢視時，研究品質的提升才不再只是口號。在下一節，筆者將以自身研究教學實例及田野工作心得，與讀者討論有關研究倫理的實踐。

四、研究倫理的實踐

　　筆者最早的研究經驗，要回溯到大學時代修習「鄉村調查」課程的作業，花了整個學期在課堂上了解農村生活及基本訪談技巧，全班一起設計了一份長達數頁，涵蓋農舍住戶硬體設備、家庭成員社經狀況等鉅細靡遺的問卷。說是問卷不如說是資料蒐集清單，因

為有大部分是要藉參與觀察的方式獲取資訊。至學期末，系上安排每個學生到一戶農家住上一天，期末作業就是一份根據那份資料蒐集清單所寫的報告。當時並未細究何謂「田野研究」，更別說什麼「研究倫理」了，倒是充滿類似劉姥姥進大觀園的新鮮感，帶了份拜訪禮物就開始一趟農家之旅。

依稀記得那戶農家是柑桔果農，幾個兒女均已離家從事非農行業，只剩兩老及尚在念高職的小兒子守著果園。次日告辭後北返，數日後又拎著相機回去補拍照片，後來小兒子還寫過一、兩封信問我念書考大學之類的事。我沒有機會去了解，我這來自都市不速之客的造訪，對那戶純樸的人家有些什麼影響；但當時由於不諳臺語，並沒有和沉默寡言的男、女主人有太多的交談，即使是交談無礙的小兒子，卻也是我問他答。當時就是那麼理所當然地認為，自己所問的問題都是無傷大雅的（中性的），愉悅地完成了那份課堂作業，也一心認為自己真實呈現了受訪農家的生活世界。之後工作內容有關社會調查，也都是信心滿滿，認為只要研究問題得到解答，即便造成研究對象的一時不便，也是天經地義的。

多年後負笈國外，有機會擔任系上教授的研究助理職務，和研究小組的學長姐開會幾次，才了解校方有所謂的「研究審查委員會」，審查我們計畫書中對研究參與者的權益保障措施。由此，才逐漸了解所謂「研究倫理」這回事。想起以往的自以為是，功利地視研究對象為「吐話機器」，卻從未嘗試去感受他們的反應，不禁羞愧得無地自容。

隨後返臺任教，第一門在系上輪教的必修課就是大學部的社工研究法，由於用的是英文教科書，「研究倫理」自然不可能略過不提，只是覺得要讓學生印象深刻，就得和臺灣現狀相連；於是要求

學生分組上臺報告,找一實證研究為例,就研究者在資料蒐集過程中的倫理措施予以批判和討論。出乎意料之外的,學生所蒐集的心理學、教育學研究所論文(此兩門專業較多實證研究?)中,完全不顧及受試者權益的案例,幾乎俯拾皆是。學生批得痛快,我則憂喜參半;喜的是學生究竟是能察覺、分辨基本的倫理原則,對初執教鞭的我自是一大鼓勵;憂的是那些已出籠的碩士、博士們,是否已成為圈內核心的研究人力(自行研究或擔任助理)?在學生時代都沒學會的東西,可以期望他們在任職機構中會有所自我規範嗎?

近幾年又有機會輪教系上社工組研究生的研究方法課程,適逢質性研究開始漸受重視,又因大學部研究法課程偏重傳統量化研究,因此學生希望研究所此課程要以質性研究為主。由於坊間雖有中文參考書,但並無專章討論研究倫理,故而決定以英文教科書為主體,輔以有限的相關中文論文參考資料。一路下來卻是越教越心驚,因為由課堂討論中發現,學生對作量化研究的倫理考量都不是很敏感,更遑論掌握質性研究所涉及研究者與參與者深度互動的複雜關係。偏偏近幾年各校的社會工作碩士論文,都不約而同嘗試質性研究,遺憾的是,研究倫理的議題並未見特別交待。

筆者的研究一向喜歡綜合社會調查、文件內容分析及深入訪談等資料蒐集方法。由於專業背景使然,研究對象多為社福機構或潛在社福案主群,亦即社會成員中的弱勢族群或其服務提供者,大體上對筆者的探究都採正向態度。一個經驗或可說明:筆者習慣以郵寄簡短問卷探路,固然予研究對象空間決定是否願配合填答,也註明若允許則將進一步作深入訪談。自忖禮多人不怪,分段式作業雖較費力,但總要給對方選擇的餘地以示公平,自己也才安心。不料接到一份回卷令我啞然失笑:填答者首先表明問項太過簡單,為何

不直接造訪機構面談？並主動提供一堆內部資料。事後的電話澄清，發現原來過去少有研究者有興趣接觸此一弱勢族群，因此他們對這遲來的「關懷」極其欣喜，認為研究者的關注將會使其處境、問題被揭露。除了誠惶誠恐希望不負所託，筆者也不禁暗自感嘆，「行動研究」其實是最符合社會工作專業價值觀的，但是我們預備好夠格的研究者了嗎？

雖然研究對象配合度高，但筆者盡量提醒自己不應占便宜（有時這種誘惑實在很難抗拒）；對占用其時間蒐集資料，除予以物質補償（小禮物或訪談費），並於事後就其需要主動提供研究報告摘要。相對於弱勢研究對象的高配合度，筆者因指導學生論文，需要與監管體系打交道，故事就全然不同了。個人人脈接觸雖有助益，但筆者仍被要求以任職學術單位的頭銜去函其最高主管單位，說明確保各種倫理規範後，學生才得以進入。

服務弱勢案主群的人群服務組織（含社會福利機構），似乎對研究者欲接觸其案主或個案紀錄，都會不約而同的以「保護案主隱私權」為由拒絕，乍聽之下頗有道理，因為研究者欲直接探詢案主資訊時，機構採審慎態度是可以理解的。但若在研究者提供各種匿名、保密措施後，仍予以百般刁難，就難免使人疑慮此一說詞是否為了遮掩服務上的漏洞？看來不止是上層階級社會、政府和產業的問題，社會學者無法揭露 (Galliher, 1973)，人群服務組織是否也逐漸藉著「保護案主」這道光環，神聖化而不可碰觸？那我們又如何得知弱勢案主是否真正得到應有的服務？此時某些學者 (Holdaway, 1980: 324; Marx, 1980: 41) 所建議的：「對那些受大眾信任卻從事不法（或不道德）活動的機構，就不該要求研究者行事須符合保密、不欺瞞、不傷害研究對象的那套倫理守則。」聽來似乎就更有說服力，但問題

是，我們的學術良知是否能坦然判定那些機構該「惡有惡報」？

筆者曾有機會針對臺灣地區三縣市社政單位一百多位受虐兒童的個案紀錄，順利完成內容分析，除了以多年的實務關係與督導先行溝通，再取得社工員的同意，更謹守檔案不離開機構、對資料處理保密的原則（余漢儀，1997: 7）；然而，筆者也體認到任職學術機構的身分是一大助力。學生就沒有如此運氣了，即使學生採取與筆者類似的步驟與保證，有些社工員仍以維護案主權益為由，堅持不讓從事論文研究的學生翻閱個案紀錄，機構守門人的權限於焉可見，此時採取由上而下的階層關係似乎就成為必要之惡了。

當研究目的是要經由案主意見以了解（評估）機構的作為時，機構對此敏感議題的反應幾乎是可以預期的。對自己服務能虛心檢討的機構，在研究者提供各種保障案主權益的措施後（例如，匿名、保密、配合案主時間及地點、案主可隨時叫停等），通常會欣然協助，且要求提供研究結果供其參考；但那些視案主為禁臠的機構，研究者反而不得其門而入。

此外，筆者的實務資訊有些是透過督導學生實習而得知，每當發現機構對案主的處遇不當時，該介入多少？能介入多少？一直是筆者的困擾。例如，多年前在督導會議討論中，由學生提出的個案資料，研判一位低收入戶的少年可能僅屬於弱智（即便是精神疾病也屬輕微），其過往並未有任何暴力傾向紀錄，卻由於一位鄰人的控訴，機構社工員即將之送往外縣市監禁式的精神病院。筆者建議學生先與該社工員討論其疑慮，若社工員無法領受，就再與機構社工督導討論此案例。

不料社工員及督導的反應都是：「反正精神病機構兩、三個月後就會讓少年出院，病情應該會穩定些吧？」〈精神衛生法〉為顧及精

神病患人權，要強制就醫並不容易，然而一旦是由列冊救助的機構出面，似乎就成了單純的案主轉介 (referral) 問題，社工員對案主的個案紀錄就取代了正式的精神診斷，監禁式處遇似乎成了唯一的選擇。當應扮演少年權益倡導者的專業人員背叛了案主及社會對其的信任時，機構內部是否能有任何審核機制作為最後一道防線？

當訪談對象涉及彼此有關聯的一群人（例如，家庭中的夫妻、孩童；監獄中的受刑人、管理人員、獄外家人；案主、個案管理員、科室業務承辦員）時，「不居中傳話」是保持個別訪談內容隱密性的原則。但若是其中一方要求呢？例如，受刑人希望你傳話給家中的配偶，有人會說要考慮獄方的規定、傳話的內容、要求傳話的動機等，筆者則認為至少還要加上下列幾項考量：⑴是否有其他選擇：受刑人能自行寫信嗎？⑵傳話可能造成的結果：是只此一回下不為例呢？還是研究對象期望你扮演這樣的角色？此一新角色對你和其他幾方的關係有何影響？⑶不傳話可能造成的結果：受刑人的福祉會受損嗎？研究關係會因而緊張嗎？而緊張又必然會造成破裂嗎？參與者一個很簡單的動作，研究者卻得多方思考回應與不回應的利弊得失，而且這些利弊得失也不能僅以研究者為依歸，應同時考慮研究對象的權益。

進入研究場域 (field) 後，隨著研究者與參與者的互動（彼此探索），人際關係的一些機制也逐一浮現：例如，一方意圖操控 (manipulate) 對方，或參與者對研究者產生移情現象 (transference)，研究者是否有足夠的訓練來洞察此種動態？又是否能不斷地自我釐清、向對方澄清、調整彼此的界線 (boundary)？當參與者的生活事件造成危機 (crisis) 時，研究者應扮演諮商、協談的角色嗎？

筆者認為端視研究者的能力而定，固然不能見死不救，但若不

具相關專業訓練時，給予一般情緒支持後，就應轉介合適資源求助。筆者認為參與者的福祉 (well-being) 應凌駕研究求知 (knowledge seeking)，亦即情願割捨或放棄研究資訊，也不應損及參與者的權益。教科書上的倫理原則提供了一個基礎，使我們去思考研究者與參與者的關係，持續的田野經驗及同行間不斷地切磋、分享心得，則會使這些原則更加活絡、貼近我們的現實生活世界。畢竟研究倫理的實踐，是研究者窮其畢生之力都無法自滿的。

✎ 五、結　語

研究活動涉及研究贊助者、研究者、研究對象及研究使用者四種不同社會身分的群體，他們有各自的利益考量；相較而言，「研究對象」顯然是較缺乏組織的一群，故在「研究自由」、「追求認知」的光環下，他們的權益就隱晦難言了。如何具體地確保他們在這過程中免於身心傷害，有自主性及自我抉擇的空間，就構成了研究倫理的核心議題。

當一般國計民生法案都有賴民間推動，卻仍常在立法院敬陪末座時，要期望政府主動立法規範研究活動倫理，似乎遙不可及。而放眼臺灣林林總總的學術專業團體，上焉者不過舉辦學術研究活動，下焉者則是小圈圈聯誼，似乎專業自利 (self-interest) 多於專業自律 (self-discipline)。特別是只要有「研究包工制」（資深者承接研究案再轉包給資淺者執行）的傳聞存在一天，學術社群的自我規範能力就令人質疑，更別奢談建立研究倫理的共識了。臺灣民眾的政治意識覺醒，是否也能轉化到生活上的其他領域？我們是否能寄望個別研究者的學術良知來自我拆除民眾偶像崇拜迷障？當眾人爭相宣稱

　　質性研究能更貼近研究對象的生活世界時，他們的權益是否就不再
那般隱晦不明了？就讓更多公開的討論來揭露答案吧！

參考文獻

中文部分

丁雪茵、鄭伯壎 (1994)，〈質的研究中研究者的角色與主觀性：以兩種典範及其研究為例〉，中央研究院民族學研究所，《「社會科學研究方法檢討與前瞻」第二次研討會：質性研究、次級分析與綜合方法論文》，臺北：中央研究院民族學研究所。

王蘋 (1995)，〈婦女議題社會實踐與質性研究〉，《「質化研究與專業實踐」系列研討會論文集》，臺北：輔仁大學應用心理系。

朱元鴻 (1997)，〈背叛／洩密／出賣：論民族誌的冥界〉，《台灣社會研究季刊》，第 26 期，頁 29-65。

余光弘 (1994)，〈參與觀察與參加觀察：以蘭嶼經驗為例——略論參與觀察的類型與深度〉，中央研究院民族學研究所，《「社會科學研究方法檢討與前瞻」第二次研討會：質性研究、次級分析與綜合方法論文》，臺北：中央研究院民族學研究所。

余漢儀 (1997)，《兒童保護模式之探討——兼論社工決策及家外安置》，國科會補助研究計畫（計畫編號：NSC86-2412-H-002-004）。

孫中興 (1997)，〈Peer Review 的理想與實際〉，《臺灣社會學社通訊》，第 24 期，頁 25-29。

夏林清 (1994)，〈從研究者的自我反映探討研究關係之意涵：兩種不同研究方法的比較〉，中央研究院民族學研究所，《「社會科學研究方法檢討與前瞻」第二次研討會：質性研究、次級分析與綜合方法論文》，臺北：中央研究院民族學研究所。

夏林清 (1995)，〈兩個故事的作用：社會連繫與社會作用〉，《「質化研究與專業實踐」系列研討會論文集》，臺北：輔仁大學應用心理系。

陶蕃瀛 (1995)，〈一個自認的社會工作者對研究工作與知識的幾點看法〉，《「質

　　化研究與專業實踐」系列研討會論文集》，臺北：輔仁大學應用心理系。

張茂桂 (1997)，〈「同仁評鑑」研討會側記〉，《臺灣社會學社通訊》，第 24 期，
　　頁 19–20。

傅大為 (1997)，〈同仁評鑑的社會條件及其濫用與權力關係〉，《臺灣社會學社
　　通訊》，第 24 期，頁 21–24。

蔡敏玲 (1994)，〈教育民族誌中的研究者角色〉，中央研究院民族學研究所，
　　《「社會科學研究方法檢討與前瞻」第二次研討會：質性研究、次級分析
　　與綜合方法論文》，臺北：中央研究院民族學研究所。

劉惠琴 (1995)，〈婦女議題社會實踐與質性研究〉，《「質化研究與專業實踐」
　　系列研討會論文集》，臺北：輔仁大學應用心理系。

錢永祥 (1997)，〈對傅大為、孫中興兩位教授的回應與討論〉，《臺灣社會學社
　　通訊》，第 24 期，頁 30。

賴秀芬、郭淑珍 (1996)，〈行動研究〉，《質性研究：理論、方法及本土女性研
　　究實例》，胡幼慧主編，頁 239–248，臺北：巨流。

嚴祥鸞 (1997)，〈訪談的倫理與政治──女性主義社會學者的自我反思〉，《婦
　　女與兩性學刊》，第 8 期，頁 199–219。

英文部分

Babbie, E. (1995). *The Practice of Social Research* (7 edition). Bellmont,
　　California: Wadsworth Publishing Company.

Bailey, K. D. (1987). *Methods of Social Research* (3 edition). New York: The
　　Free Press.

Bierstedt, R. (1957). *The Social Order*. NY: McGraw-Hill.

Dane, F. C. (1990). *Research Methods*. Pacific Grove, California: Brooks/Cole
　　Publishing Company.

Dooley, D. (1990). *Social Research Methods* (3 edition). Englewood Cliffs, NJ:
　　Prentice-Hall Inc.

Ernest T. Stringer (1996). *Action Research: A Handbook for Practitioners*. Thousand Oaks, CA: Sage.

Galliher, J. (1973). "The Protection of Human Subjects: A Reexamination of the Professional Code of Ethics," *American Sociologist*, 8: 93–100.

Holdaway, S. (1982). "An Inside Job: A Case Study of Covert Research on the Police," pp. 59–79, in M. Bulmer (ed.), *Social Research Ethics*. London: Macmillan.

Jensen, A. (1969). "How Much Can We Boost IQ and Scholastic Achievement?" *Harvard Educational Review*, 39: 1–123.

Kagle, J. D. & Cowger, C. D. (1983). *Blaming the Client: Implicit Agenda in Practice Research*. Paper presented at CSWE Annual Professional Meeting, Forth Worth, TX.

Marx, G. (1980). *Notes on the Discovery, Collection and Assessment of Hidden and Dirty Data*. Paper presented at the annual meeting of the society for the study of social problems, NY.

Punch, M. (1986). *The Politics and Ethics of Fieldwork*. Newbury Park, CA: Sage.

Punch, M. (1994). "Politics and Ethics in Qualitative Research," pp. 83–95, in Denzin, N. & Lincoln, Y. (eds.), *Handbook of Qualitative Research*. Thousand Oaks, CA: Sage.

Thomas, M. & Pierson, J. (eds.) (1995). "Empowerment Theory," pp. 134–136, in *Dictionary of Social Work*. London: Collins Educational Ltd.

第二章
社會研究的研究者與倫理

畢恆達

- 學歷：美國紐約市立大學環境心理學博士
- 現職：國立臺灣大學建築與城鄉研究所教授
- 專長：環境心理學、性別與空間、質性研究、街
  頭藝術

一、代前言：研究者在研究論文中的缺席

　　社會科學的經驗研究是一場充滿未知的冒險之旅，在研究的過程當中，你可能為偏低的問卷回收率而沮喪；可能有一位受訪者回答了所有的問項，獨獨在性別一欄留下空白，你暗夜裡思索是不是有什麼特別的涵意；你可能在訪談的過程中為了受訪者的沙豬論調而面紅耳赤；談到移民思鄉的情緒，受訪者可能在你面前落淚，而你不知所措；你可能和一位受訪者相談甚歡，可是下次見面的時候，他卻對你形同陌路。

　　田野研究者則可能更需要有放逐者的本能，他在陌生人群中，隨時會碰到困窘、阻礙、厄運、欺騙、孤立、恐懼、意外、屈辱，而且還有可能被驅逐。隨時發生的意外與事先準備的計畫同樣會影響田野研究的進行；無聊的例行工作與生動的舞臺表演併陳；衝動與理性的選擇，錯誤和正確的判斷同時存在 (Van Maanen, 1985)。這是田野研究者比較可能面對的真實情況，然而在田野研究的學術文獻中，研究者的形象卻總是：「純淨的求知主體，進入田野，離開田野，主控研究過程，勝任而成功，研究者身分保持完整無瑕，沒有傷痕、沒有困惑、沒有改變。」（朱元鴻，1997: 33）

　　翻開社會科學的文獻，初學者找不到社會研究實際上是如何進行的資料，因為社會學家不太報告他們的活動，並且把個人的研究經驗和發表的報告分開。圖書館充斥研究的「發現」(findings)，卻很難找到有關實際研究過程的文獻。研究報告通常說明了受訪者的數目、訪談的時間、訪談的題目與記錄的方式，但是報告經常忽略訪員的社會／個人特質、受訪者對於訪員與訪談本身的感覺、訪員

對於受訪者的感覺、訪員與受訪者互動的品質、受訪者對訪員的款待、研究者將受訪者視為提供資訊來源的企圖，以及訪員與受訪者是否發展進一步的社會關係 (Oakley, 1981)。

而研究者往往認為除了正式的研究方法外，沒有什麼其他的過程涉入其中。教科書上的方法說明「應該」怎麼做，卻沒說「實際上」怎麼做。研究報告描述的不是使用的邏輯 (logic-in-use)，而是事後建構的邏輯 (reconstructed logic)。使用的邏輯是動態的，對未來不確定的；它是知識的形成過程。報告卻往往根據規範準則撰寫，不報導實際的研究經驗 (Reinharz, 1984)。即使是討論如何從既有文獻的回顧與批評以導引出研究問題發問的文獻回顧章節，其實都有可能是事後合理化的「先射箭，再畫靶」，而不是實際的推導過程。

在充斥圖書館的客觀理性的學術論文當中，偶爾也可以讀到少數有關研究過程的文章，讓人看到研究的後臺。作者將研究過程解密，重新賦予研究者人性。這些文章其實可以加速初學者成為一個熟練的研究者，然而它們卻有一些特性：匯集許多短文成為一本書、使用假名發表、無法出版、死後才出版、出現在邊緣位置（如註解、序言、謝誌、附錄）或在論文刊出後才發表 (Reinharz, 1984)。

這種在學術論文中隱藏研究過程的現象加強了社會學的「科學理想」(ideal)。社會科學企圖仿效自然科學，採用保持距離的研究方法，否定研究與研究者／研究對象的階級、性別、歷史和情境的連結。研究應該是客觀、價值中立的。科學研究可以重複測試，因此經由不同研究者來操作，應該會發現相同的事實，得到相同的結論。研究者的主觀性應該排除在研究之外，以免汙染了研究。因此社會科學方法的教科書，只會談論信度、效度、統計分析、問卷設計、資料分析與撰寫，但是研究者的自我總是在其中缺席。

　　不過西方社會學、人類學界自六○年代晚期，已經由下列事件對於研究者角色展開較為深刻的反省。

㈠研究者的內在價值衝突

　　人類學界宗師 Malinowski 死後私人日記 (1967) 的出版，引起人類學界的震撼與反省。過去人類學界對他的印象是他能夠深入原始文化的核心，將自己與外在世界隔離，過和部落的人一樣的生活，甚至成為部落的一分子，以掌握當地人的觀點。日記裡的 Malinowski 呈現的卻是另一種形象。他事實上付錢給他的助手和報導人，他花很多時間和歐洲的貿易商與傳教士來往；書中也顯露了這位令人景仰的學者在田野工作中的焦慮、疲憊、情緒不穩定、情慾以及對土著的鄙視。其日記揭露了人類學界過去很少觸及的問題：人類學家雖然外在表現盡量顯得尊重、肯定、客觀、超然，然而卻沒有認真去面對內心的價值衝突與情感焦慮。原來人類學家也是無法超脫一個有血有肉、有情慾、有情緒的人。

㈡研究者的文化與權力優勢

　　人類學是隨著殖民帝國的拓展而勃興的，研究者經常由殖民政府資助，甚至指定研究的題目，以便對殖民地進行統治管理。過去人類學家到第三世界進行田野研究之後，彷彿就成為異地文化在西方世界的詮釋者與代言人。當地人可能無法使用西方的語言，也沒有機會閱讀人類學者撰寫的報告或書籍，因此也無從檢證或反駁人類學家的觀點。不過隨著被殖民國家紛紛獨立，人民的教育機會提升，甚至也送子弟至西方國家留學，他們開始有能力、有管道讀到這些報告，進而發出批判的聲音。面對這些質疑，西方人類學家不

得不反省所謂絕對客觀中立的知識，思考知識的詮釋以及其所隱含的權力關係。

(三)相同田野，不同詮釋

當同一個田野，由不同的人類學家研究，卻得到極端殊異的結論時，帶給人類學界很大的困窘（例如 Redfield/Lewis, Mead/Freeman 的例子）。Lewis 於 1951 年重返 Redfield 於 1930 年所研究的田野——墨西哥村落 Tepoztlan。Redfield 看到的是一個友善而平靜的村落，而 Lewis 看到的卻是充滿混亂、嫉妒與敵意的生活。他們對於當地文化的解釋從生活細節到世界觀都有極大的差異。

美國人類學家 Mead 於 1925 年隻身到 Samoa 進行了九個月的田野調查，她指出 Samoa 社會強調隨遇而安，罕見強烈的情緒反應，少女則沒有青春期的煩惱。澳洲人類學家 Freeman 於 1980 年左右重返 Samoa 做研究，並出書指責 Mead 的研究有錯誤，Samoa 人並不是隨遇而安，他們也有煩惱與性禁忌。這種解釋的差異，促使人類學家檢討究竟有沒有誰對誰錯？或是田野文化因著時間本來就改變了，或者是因為研究者的理論觀點與研究方法的不同而導致詮釋的衝突。女性主義評論者 Warren (1988) 認為 Mead 探尋女人與兒童的世界，Freeman 則探尋男性菁英之間的權力關係，這使他們對於 Samoa 的了解與詮釋呈現了完全對立的局面。Wengle (1988) 則提出為了釐清詮釋的差異，我們應該企圖探討研究者的心理學，及其對人類學知識論的啟發。

(四)詮釋學的啟發

Heidegger (1962) 認為人的處境無法由科學方法所克服，科學客

觀性不是一般合法知識的判準，而只是適合生活世界中某些計畫的方法準則。在海德格的手中，存有的問題不再是客觀世界如何在意識中構成；而是人是什麼、人如何生活就是理解的過程與結果。人的生活中的先前理解 (pre-understanding) 並不是偶然的，也不是我們可以選擇的。先前理解是使我們理解事物成為可能的基本條件。但是在理解的過程中，我們在重構歷史，先前理解也隨之轉變。

　　Gadamer (1989) 認為理解的先決條件既不是現代西方哲學所執著的「方法」，也不是古典哲學的「主體」，而是啟蒙運動以來，哲學所致力清除的「成見」（殷鼎，1990）。詮釋者總是受到他的一套「成見」(pre-judice) 所指引。啟蒙時代的哲學家犯了如下的錯誤，他們以為成見是全然負面的，是歷史家在尋找客觀真理時，應該且可以加以克服的。高達美稱之為「成見的成見」。他在 pre 與 judice 之間加了「-」，以強調成見並不是一件壞事，而是了解新事物所必須的先前理解。在理解中，詮釋者的先前理解不斷地遭到質疑與檢驗，而所有人的理解都植基於特定的歷史與文化之中，沒有外在於歷史與語言的阿基米德點，反過來說，我們也不必陷入知識與道德的混亂狀態。詮釋學要求每一位研究者對自己的詮釋負責。研究者既然無法自外於理解的過程，就應該將之作為反省的對象。

(五)女性主義的反省與挑戰

　　Reinharz (1984) 指出實證範型有三個假設：(1)可觀察的現象與形上學或宗教可以截然區分。因此，(2)研究對象與研究者可以截然區分。研究者相信他們的投入對於資料沒有影響，而概化只是建立在客觀的證據上。女性主義理論指出，對於主客分離的堅持與男性兒童必須脫離母親以尋求個體化有關。分化、距離與分離是父權文

化的特質。(3)獲得知識的研究步驟依照邏輯與數學的規律，因此是人人必須遵守的。這些假設導致研究者忽視現象所處的脈絡、相信「事實」(facts) 是沒有問題的、對於獨特 (unique) 的人類經驗沒有興趣，並且無法忍受模糊 (ambiguity)。

知識論和方法論的偏好也形塑一個研究者的研究生涯和生活風格。在社會學裡，要成為專業者，就是要客觀、保持距離、非個人、權威、競爭、克制感情、堅強的。成為專業者，其實就是要成為「男人」(Reinharz, 1984)。

Smith (1990) 指出以男性為中心的主客二分的價值觀，不只展現在男性社會學家躲在象牙塔裡做抽象理論的思考，使理論和真實的生活世界脫離；而且往往是男性研究者做理論工作，女性研究助理幫忙調查訪談、跑電腦統計、打字等工作，於是男性理論家就更和女性的經驗脫節。Harding (1991) 認為知識都深植在一個特定的情境之中，「自然」(nature) 作為人類知識的對象也從來不曾赤裸裸地與我們相見，它已經在我們的社會思想的建構之中。她也指出傳統實證論的客觀性其實是虛假的客觀，因為它忽視歷史情境和研究者對於知識建構的影響，反身性的主觀性 (reflexive subjectivity) 也許才是更強的客觀性 (strong objectivity)。

在這樣的歷史脈絡底下，社會科學界不斷地反省真理的意義、知識的社會建構、研究者的角色、研究者與研究對象的關係等議題，有關研究經驗反省的論文以及專書也漸漸浮現（如 Bell, Caplan & Karim, 1993; Berg & Smith, 1985; Hunt, 1989; Kleinman & Copp, 1993; Lee, 1995; Lewin & Leap, 1996; Reinharz, 1984; Smith & Kornblum, 1996; Warren, 1988; Wengle, 1988; Wolf, 1996）。而國內也開始有較多的研究者討論研究者的研究經驗以及研究倫理的問題

（如丁雪茵，鄭伯壎，任金剛，1996；朱元鴻，1997；夏林清，1993；黃應貴，1994；雷風恆，1995；蔣斌，1994；蔡敏玲，1994；謝世忠，1987，1994；謝國雄，1997；嚴祥鸞，1997）。

　　研究從來就不是客觀中立的，從選擇題目、接受贊助、資料蒐集分析到寫作與發表，都牽涉政治與倫理。本文將就幾個研究倫理所關心的重要面向逐一加以討論。

二、傷害與利益

　　社會科學家必須遵守的最基本原則就是不可以傷害參與研究的人。生理或心理的痛苦、對個人的羞辱、對人與人之間信任的失落、加諸某個社會族群的汙名等，都是社會科學研究可能導致的結果。為什麼不能夠傷害參與研究的人呢？如果是為了真理的追求？如果是為了更大的公共利益？學術研究者是否可以享受比一般社會大眾更大的特權?研究者提出反對學術研究可以傷害研究對象的理由有：⑴不受傷害是每個人應有的基本權利，它受到法律的保障，更受到道德的約束；⑵科學的目的在於增進人類的福祉，傷害卻與此科學價值背道而馳；以及⑶就算以科學界自利的角度而言，傷害會導致社會大眾對科學的不信任 (Diener & Crandall, 1978)。

　　以下是一些社會科學研究造成傷害的實際研究案例：

　　美國軍方曾經進行一連串模擬情境的研究，以了解在此情境中軍人可能有的心理反應與行為。例如演習時，在森林內製造人工煙向受試軍人逼近，並透過廣播，讓軍人以為真有大火向其包圍；請某軍人修理收音機，結果收音機爆炸，使其長官身受重傷，然後心理學家偷偷記錄他們的行為反應；軍方人員騙稱軍機無法控制正在

墜落當中，機上人員誤以為真，心理學家趕緊告訴他們在墜毀之前填寫問卷，包括貴重物品放在哪裡、緊急降落之步驟等問題，並宣稱問卷將會放入金屬容器，才不會損壞，即使飛機墜毀，他們的家屬仍然可以看到這份資料。結果問卷填完，飛機就安全降落。這些研究訊息曝光之後，引起心理學界對於心理學實驗是否造成受試者傷害的議題很多的討論。

這樣的研究，讀者即使沒有讀過心理學教科書，是否仍覺得似曾相識，因為和坊間電視綜藝節目流行的整人節目似乎有些類似。製作人為了增加娛樂效果、揭發演藝人員心裡底層的祕密，會找主持人假扮婚姻第三者打電話、故意製造機會讓某位歌星打破（假）古董等，看看他們當時的反應，然後再告知實情。當然這種類比，對學術研究有些不公，因為他們的實驗設計較為嚴謹、有較明確的探求知識的目的、有預先做防範措施，不過也提醒研究者，如果不小心，不但沒有知識上的突破，結果反而傷害受試者。而學術研究和日常生活的觀察或是遊戲之間的分際，也很值得學術界進一步深思。

不只是納粹集中營裡曾經進行許多極為不人道的人體醫學實驗，學術界裡也不斷有許多受到爭議的實驗研究。Walster 設計一個心理學實驗，以了解提高或降低女性受試者的自我價值感對其愛情觀的影響。女性大學生在接受一項心理測驗後，得到虛假的回饋，說她們有非常健康的人格或是很拘謹、沒有想像力、沒有創造力。然後一位長相英俊的男性研究生假扮成另一名參加實驗的受試者，主動和每一名女性受試者聊天。當他們一起在等待室坐著的時候，他會表示對女學生有興趣，並且透露一些自己的背景，然後約她到舊金山一起吃晚餐、看表演。研究者的目的是想觀察對於自尊的操

弄和愛情吸引力的關係。實驗完成後，受試者得到有關實驗設計的解說，以及約會已經取消的告知。

　　這個研究有可能對受試者造成心理上的傷害。人格測驗結果不好的人，可能會覺得難過，即使後來知道結果是假的，是否就沒有影響則不可知。人格測驗結果很正面的人，發現真相的時候，會覺得被玩弄與生氣，而且會覺得自己也許沒有真的那麼好而感到失望。當她們發現約會事件也是假的，並不是自己真的吸引人，而只是因為男性研究生工作要求的關係，也會影響其自我評價。對於這種研究的價值何在，可能會有分歧的認定，但是連參與的男研究生事後都覺得研究所帶來的傷害絕對大於實驗的學術貢獻（引自 Diener & Crandall, 1978: 21–22）。

　　然而爭議性最大，在心理學界引起最多有關研究倫理討論的實驗，恐怕就是 Milgram (1963) 所做的服從電擊實驗了。Milgram 在報上刊登一則廣告徵求參與記憶和閱讀研究實驗的自願受試者。實驗室人員對兩兩一組前來的受試者解釋，兩個人將分別扮演老師與學生的角色。抽完籤，受試者將抽到老師的角色（事實的真相是兩張籤都是老師，所以學生的角色總是由實驗室的研究助理所扮演），他的工作是教導另一位受試者（其實是研究助理）一系列的詞彙，接著再測驗他的學習效果。擔任學生角色的受試者坐在隔壁房間的椅子上，手臂上綁著電極；而擔任老師角色受試者的面前則是電極的引電器。

　　實驗室負責人員指示，當學生答錯的時候，要給對方一陣電擊，以測試懲罰對學習作用的影響。總共有 30 個開關會輸送不同程度的電擊，每進一級就有 15 伏特電流的增量，因此共有 15 到 450 伏特的電擊水準。開關上面的標示從「輕擊」到「危險：重擊」，到壞兆

頭的「XXX」，再到下一個最高程度的電流。實驗室人員告訴擔任老師的受試者，對於第一次答錯的學生只需給他 15 伏特（最少量）的電擊，如果再答錯一次則依序增加 15 伏特的電擊。實驗者會示範一個 45 伏特的電擊讓擔任老師的受試者體驗電擊的滋味。

接著實驗開始，受試者將單子上的詞彙念給學生聽，然後對學生施予測驗。剛開始時進行得很順利，學生的答案都正確，然後學生開始答錯。於是受試者依照指示給他一個電擊，當給予的電擊強度達到 75 伏特時，受試者可以從對講機聽到學生痛苦的叫聲，這時受試者或許會停下來問實驗室負責人員該怎麼辦？實驗室人員卻回答說：「請繼續發問。」當電擊達到 120 伏特時學生會開始叫痛；到 135、150 伏特時，學生會哀求實驗者讓他出去，他不想再做下去；到 180 伏特時學生大叫他再也無法忍受電擊的疼痛；270 伏特時學生發出痛苦的尖叫，不斷地要求出去；300 伏特時學生痛苦得尖叫不再回答，可是實驗室人員卻要求受試者繼續進行實驗。

在這種情況下有多少受試者會繼續服從實驗室負責人員的指示增加電擊強度一直到 450 伏特的最高限？當這個問題在耶魯大學的心理系被提出時，他們估計只有 1% 的人會這樣做。對中產階級的成人和心理醫生所做的抽樣調查，也得到同樣的預測。但實驗的結果卻得出平均最大的電擊量是 360 伏特，有 67.5% 的受試者會輸送 450 伏特的電擊——最大電擊量。甚至在擔任學生角色的受試者大喊他受不了，要求出去時，仍有 80% 的受試者繼續增加電擊量。一直到整個實驗進行完了，實驗者才將真相告訴受試者，原來扮演學生的是研究助理，而電擊也是假的，根本沒有通電。

Milgram 的實驗結果一發表，批評馬上接踵而來。有些人針對實驗的效度，認為依據社會規範，實驗室本來就是一個常人較服從

的場所，所以不適合研究服從性；而此實驗研究結果也難以推廣至日常生活或解釋納粹行為。其他人則指出這個實驗會使人對權威失去信任，使受試者喪失尊嚴，卻又沒有給受試者任何回饋。批評者認為在發現受試者產生心理壓力徵候的時候就應該馬上停止實驗。

Milgram 則答辯，受試者的緊張反應是在研究預料之外的。實驗前他曾和其他心理學家與醫師討論，原來以為受試者很快就會終止按鈕，沒料到會有此反應。然而進行中儘管有短暫的緊張、不安，但未造成傷害，因此沒有半途中止此實驗。受試者可以自由選擇，並沒有人強迫他們去電擊別人。實驗一結束，馬上進行解說，告知他們這些行為是正常的，而其他人也如此，並且把研究結果給他們看。事後根據問卷回答顯示，84% 的受試者回答很高興參與此實驗，74% 的受試者表示從這個實驗學到東西。

後來又有研究者調查成人對此實驗的看法，當實驗結果顯示服從度不同（亦即受試者在多少伏特電流下停止）時，他們對於研究是否會造成傷害的評斷也不一樣；也就是他們的評斷受到研究結果的影響，而不是實驗設計本身。然而也有研究者認為，無論實驗結果為何，這個實驗所使用的欺騙都是不正確的（引自 Kimmel, 1988）。

多數社會科學的研究可能是無害的，或者其所造成的傷害可能還沒有日常生活中所發生的嚴重，而有些研究仍然可能會造成潛在的傷害。在進行一個研究之先，研究者應該就研究倫理層次做下列的思考：

1.研究者在設計實驗或其他研究時，應該多和經驗豐富的研究者事先討論，並且對田野文化敏感。我在進行民生別墅輻射鋼筋事件研究的時候，就曾聽過受訪者講述如下的例子。有一位記者到民

生別墅採訪，居民和他一起坐電梯的時候，記者問這個電梯有沒有超量的輻射，當居民說當然有的時候，這名記者竟然馬上按鈕，走出電梯。另一名記者發現有一住戶因為臥房都有輻射，所以全家都睡在客廳裡。記者質問大人，你們為什麼還不搬家，讓小孩子繼續住在這種被汙染的環境裡？後來，這戶人家從此不再接受任何人的採訪。

2. 研究的利益是否超過其付出的代價與風險？這條準則是必須的但不足夠，而如果風險大於利益則顯然應該停止此研究。

3. 研究者應該考量自身是否有處理風險和傷害的能力。如果有質疑，就不應該進行研究。我在美國讀書時，有位同學對納粹大屠殺的生還者經驗有興趣。他計畫訪談現已八、九十歲的紐約移民，了解其納粹時期的生活經驗以及移民美國後的適應經過。指導教師認為他必須有足夠的心理諮商的訓練，否則不要碰觸受訪者有關大屠殺的經驗過程。

4. 研究者應該盡力採取各種手段將風險與傷害降到最低點。如果為了學術知識的突破，然而預期造成的傷害又很大，則最好利用自然發生的情境進行田野研究；或者改採模擬或角色扮演的研究方法。

5. 選擇比較不易受到傷害的樣本。

6. 研究之先，受試者應該充分得到有關可能風險的資訊。

7. 如果預期可能造成傷害，事後應該對受試者進行追蹤調查與必要治療（參考 Diener & Crandall, 1978: 32–33）。

三、研究過程中研究者與研究對象的關係

　　傳統實證主義的訪談是以心理學的行為主義與實驗研究方法作為典範，亦即將訪談視為一個刺激－反應的過程 (Mishler, 1986)。訪談是一個行為，而不是交談行動。訪談的目的在於對研究對象作一正確的統計描述，唯有在確保每一位受訪者都受到相同的刺激時，我們才能夠對於受訪者的反應加以比較。亦即訪談的標準化才能保證測量的一致性 (Fowler & Mangione, 1990)。

　　這種訪談範型強調：(1)訪談是一個機械式的蒐集資料的過程；(2)訪談是一種特殊的對話：一個人問問題，另一個人回答問題；(3)受訪者是被動的；以及(4)訪員採取主動。訪員視受訪者為提供資料的機器；而研究者又視訪員為蒐集資料的機器。所以受訪者與訪員在訪談的過程中，都是沒有個性的參與者 (Oakley, 1981)。

　　Oakley (1981) 說她在依照教科書的方式訪談時，遭遇如下的問題：(1)照著已經設計好的問卷訪談，在道德上是說不過去的；(2)當訪員將自我投注到彼此的關係上，與受訪者維持較為對等的關係時，反而比較能獲得受訪者的訊息，了解對方。

　　McKee 與 O'Brien 則認為傳統的訪談方式無法挑戰男性受訪者的性別歧視。Smart 覺得在訪談握有權力的男人時，受到雙重的壓迫：(1)女人不可以插嘴；(2)訪員應該是被動的——不可以亂問問題。然而她的沉默意味著贊同，因而更加強了男性受訪者的想法。此種訪談，強化了社會中既有的性別關係（引自 Ribbens, 1989）。

　　然而如果過度強調研究者與研究對象的合作關係，則又可能會模糊研究者具有真正的權力的事實，研究者對於研究過程和結果有

絕對較大的權力。況且研究者可以在任何時候離開田野，而且也通常是研究報告最後的作者 (Fonow & Cook, 1991)。

　　另一種處理負面感情的方式，是說服自己去喜歡我們的研究對象。女性主義者期望研究者認同研究對象，這帶給研究者很大的壓力。可是事後可能又為了自己的欺騙感到憤怒。當我們發現我們操縱友誼形成時會感到很不舒服。研究者企圖說服自己不但是好的研究者，也是好人。結果研究結束後，仍然必須應付研究對象友善的招手。研究者覺得自己不誠實。Reinharz 認為期望和研究對象保有親密關係，可能導致對研究對象過度浪漫化，並且用刻板印象看待他們。

　　學校教授經常告訴我們，研究者不可以有立場、不可以捲入政治或人際爭端，更不用說製造敵人，它可能擋住訊息的大門，甚至被丟出田野。Gordon 認為說出自己的看法可以是一種投入的經驗，它造成親密而不是距離。Marshall 干涉一件酒醉爭吵，反而讓當地人認為他是好人，值得尊敬、勇敢（引自 Kleinman & Copp, 1993）。Rabinow (1977) 在阿爾及利亞從事田野研究時，認為應該對報導人盡可能地友善，不可以表露自己的負面情緒，結果卻導致報導人一再地勒索、要 Rabinow 幫他出旅費、要求搭便車等，直到有一次Rabinow 無法忍受勃然大怒，Rabinow 以為他們的關係可能就此完蛋，卻沒有想到反而更好。原來報導人不斷在試探 Rabinow 的底線，他的過度友好使他不太像是一個人；他表現的憤怒，讓他們比較清楚彼此的利益與權力關係，而他也藉此更加了解田野的文化。

　　研究者經常認為研究對象的壞行為是因為社會或結構因素，而不是個人的問題，大多數田野工作者也認為認同研究對象可以得到較好的資料，但是研究者可能同時發現他必須與道德妥協，例如研

究強暴犯，研究者可以認同強暴犯而用結構性因素來合理化強暴的行為嗎？Gordon 研究宗教團體，研究對象說服他信教，不讓他只是一個研究者而已。後來，他為自己的信仰辯護，不假裝同意他們的看法。令人驚訝的是，他們並不覺得怎樣，討論不同信仰反而變成一件有趣的事。因此具同情理解的不同意，其實有助於研究，而不是摧毀研究（引自 Kleinman & Copp, 1993）。

如果研究者和研究對象相互喜歡，研究者可能感到最高興了。研究者也可能認為是他的研究能力好，但是我們仍然必須對此有警覺。這個關係究竟是如何達成的？這些分析有助於研究。是我們給他們說話的機會、他們希望得到同情、我們給他們合法性、還是他們認為我們可以給予幫助（引自 Kleinman & Copp, 1993)？

Adler 建議我們不要研究我們已經有強烈情緒衝突或道德判斷的人群或地方，也並不鼓勵研究者去研究他認為噁心的地方，但是避開這些地方，可能造成知識的空隙。而有些情況我們事先並不會知道，如果研究之後才發現，我們該怎麼辦？要離開還是利用這些資料來了解自己和這些人（引自 Kleinman & Copp, 1993)？

我們希望和受訪者維持平等互惠的關係。但是，你想讓受訪者控制訪談的情境，他卻又將權力交還給你。訪談結束後，你帶著紀錄走，你有極大的權力處理結果，特別是在沒有結構問卷的情況。研究者擁有的最大的權力在於界定他人的現實。如果受訪者不同意我們的分析時，該怎麼辦？研究者尊重受訪者所說的，但是並不同意時，怎麼辦？當女性主義者碰上傳統婦女；當社會主義者碰上保守主義者，怎麼辦？尊重受訪者的世界觀，還是提出另一種結構性的看法 (Ribbens, 1989)？

Daniels 認識到這個代價。在寫論文草稿時，她以一種完全同情

的角度，描述上階層婦女義工，覺得她們辛苦工作卻沒有得到應有的尊敬。後來從同事那裡得到回饋，她修改草稿。最後的版本，她一方面承認義工的辛苦工作，一方面也分析她們的工作如何幫助其保有社會既得利益者的地位。她描述，這些婦女忽略甚至否認她們自己的社會位置可能就是她們想要解決的問題的一部分。這種轉變並非從同情轉到嘲諷，而是讓她的分析更為複雜細緻。

研究者不可能是傳統的資料蒐集的工具（受研究者價值觀的主導），也不可能是受訪者價值觀的忠實傳聲筒。任何研究都是一種建構與創造，我們所能做的，是誠實、明晰地面對各種困難與弔詭。不要假裝研究者沒有權力，而是要誠實地面對它。研究是一種社會過程，而隨地都會留下我們的指紋 (Ribbens, 1989)。

✎ 四、田野研究的後果

有別於醫學與心理學所可能造成的生理或心理上的傷害，田野研究的影響比較是針對某個社區或族群的意象、汙名或資源的分配。這裡用 Whyte 的田野研究及其後果，尤其是研究者與報導人的長期關係作為討論的案例。

Whyte (1981) 於 1937 年到波士頓北角 (North End) 進行田野研究。Doc 是他的關鍵報導人，引領他進入當地的賭場、街角、舞會。Whyte 根據其田野研究結果出版一本書：《街角社會》(*Street Corner Society*)，得到社會科學界極大的回響，成為社會學田野研究的經典。十二年後，Whyte 將他整個研究過程，從個人背景、研究計畫、田野經驗到出版過程做一個詳盡而生動的描述，加在《街角社會》的附錄，文章長達八十頁。這篇附錄馬上又成為許多田野研究方法

課程的教材。然而幾十年後，另一位研究者 Boelen (1992) 前後花了十九年的時間陸續進出同一個田野二十五次進行研究，對這個街角社會描繪出一幅完全不同的圖像。她質疑 Whyte 使用義大利文的能力、使用錯誤的資料、說謊；並且指出大多數《街角社會》一書所提到的人都覺得受到此書的傷害。這個事件引發知識論的爭辯，也舉發了研究倫理的議題。

　　Whyte (1992) 說明他和 Doc 的關係。他在書籍完成時，曾經拿給 Doc 先讀，Doc 說：「這會讓我很不好意思，不過這倒是事實，所以你就這樣寫吧!」書出版以後，Doc 就和書保持距離，因為書中有許多他對當地俱樂部的批評，而且當別人看到自己在書中居然被描寫成是團體裡位階較低的一分子時，也會不高興。Whyte 說他和 Doc 保持良好關係直到出版後十年；後來 Doc 就不回信，很清楚是不想再見到 Whyte。Whyte 的解釋是，當 Doc 和他合作以及得到學術社群注意的時候，Doc 對於自己的貢獻和角色感到滿意，他被邀請到哈佛和衛斯理大學演講，剛開始也很喜歡，但是後來他告訴 Whyte 不要再稱呼他為 Doc。Doc 遭遇到他所預期的尷尬，覺得代價太大了。那個時候 Frank Luongo（另一位報導人）安慰 Whyte，Doc 後來搬家了，在電子公司上班，和所有老朋友也都沒有聯絡，並不是特別針對 Whyte。Whyte 承認他確實獲得的比 Doc 多，但是他並無意傷害 Doc。他曾借錢給 Doc，不要他還；也多次幫他找工作。Whyte 這樣認為，大戰時，Doc 找到不錯的工作，所以不再需要別人的幫忙了。

　　Richardson (1992) 曾經對此事件提出如下精闢的分析。Doc 在《街角社會》一書中的角色有：街角男孩、報導人與共同研究者。街角男孩雖然位於社會的底層，然而 Doc 不願意離開他的團體。雖

然 Whyte 曾經幫他找工作，他仍然為失業和缺錢所苦，並因此失去領導地位，最後又導致精神方面的疾病。書中對於他這些境況的描寫可能使他覺得受到羞辱。

Whyte 介紹 Doc 是關鍵報導人，可能使 Doc 覺得他必須對書的內容負責？由於《街角社會》的效度很多是建立在 Doc 的身上，可是書中對於 Doc 朋友的描寫並不一定是正面的，因而破壞了 Doc 的生活以及他和朋友的關係。Doc 的兒子說他的父親有罪惡感，因為他引介 Whyte 到田野。Whyte 則對於他們關係的破裂感到不解。

Whyte 雖然視 Doc 為共同研究者，可是他是此書唯一的作者。Whyte 因為書籍出版而獲得名聲和財富，然而財富正是 Doc 所需要的。Doc 曾經說過絕不可以因為金錢而出賣朋友，他是不是認為 Whyte 正是做了此事，就像社區裡的其他大學生一樣。

Whyte 依賴報導人的信任才得以做研究，而他們的文化認為不可以傷害朋友的感情。如果研究者說他看到的故事，是否必然傷感情：傷幫他忙的人的心，破壞他們的信任。在一個分享資源的文化裡，Whyte 沒有和 Doc 分享作者權，是否表示他不是一個好的朋友？此研究逼使 Doc 必須自我反省，不再像過去憑感覺做事，因而改變了 Doc，他也因此無法回「家」了；然而不像 Whyte，Doc 並無家可歸。可悲的是，Whyte 無法同時滿足科學倫理和研究社區的倫理。

值得探討的是並不是所有的人都受傷，Sam Franco（報導人之一，當時為二十歲的街角青年，後來成為社會研究者）就可以作證。在書中他只出現三次，沒有任何一個章節用他的名字。Whyte 沒有稱他為關鍵報導人或共同研究者，但是事後 Whyte 說他的幫忙遠超過書中所傳達的。他在書中的缺席和他在現實生活中的成功，是否

有關？ Whyte 可以幫他忙，可是他卻不必為書的內容負責，他只需要在後來享受替 Whyte 背書的榮耀，結果他得到的正是 Doc 想要而沒有獲得的：經濟與友誼。

Richardson (1992) 指出民族誌研究是真實的人與人的關係，當我們成為文本的作者時,卻可能對那些曾經相信我們的人造成傷害，不管有意或無意；而且似乎計畫、書籍越成功，其讀者群越廣，可能造成的傷害也就越大。

Whyte 與 Doc 關係的後續發展可能是 Whyte 進行研究、出版書籍時所預想不到的。學術研究除了要對專業與社會負責之外，必須關注於如何對田野文化敏感、與研究對象有良好的溝通、建立良好的關係，因此，研究者應從他人累積的經驗中不斷地學習，並時時提醒自己注意這方面的議題。田野研究由於往往干擾研究對象既有的日常生活，得到他們許多的協助，並且他們可能也預期從研究中得到好處，因此研究者有責任盡力給予研究對象帶來利益。Sieber (1992) 針對此提出以下的建議：

1. 科學知識是研究者可以給予參與者最適當的好處。田野研究經常建立在大量的文獻回顧之上，研究者可以將相關知識以淺顯而有趣的方式撰寫，提供給田野的參與者，並且與他們討論。

2. 幫忙解決參與者的困難、給予食物或醫療的援助，提供當地社會服務機構的名單等都是研究者可以給予的好處。

3. 在研究的過程中，讓當地參與者可以從中跟著學習觀察、紀錄與分析。

4. 提高其自尊，讓他們從參與中得到成就感。

5. 透過研究讓參與者反省並深化他們與他人的關係。

6. 藉由研究引進資源、剖析當地問題進而提出政策建議、提高士氣、

提高地方的聲響等，也是研究可能對田野帶來的好處。

7. 為研究者所在的研究機構添購設備、訓練研究人才、和其他機構的研究人員建立合作關係、發展新的研究方法、撰寫高品質的研究論文、提高研究機構的聲響等，同樣的可以增加因為研究所帶來的利益。

　　最後，也有研究者認為做一個嚴謹、有水準的研究，可能是研究者回饋給田野最好的報償 (Fetterman, 1989)。黃應貴 (1994) 也提出人類學家可以幫助田野被研究者了解其所進行的研究，甚至尋求當地人參與研究工作，讓當地人因獲得人類學觀點而有人類學化的傾向。

五、隱私權

　　首先我們必須區分隱私權 (privacy)、保密 (confidentiality) 和匿名 (anonymity) 的涵意。隱私權指涉的對象是人，而保密和匿名指涉的對象是資料。隱私權指的是個人可以控制他人獲得有關他哪些資訊的權利；保密係指研究者如何處理資料以控制其他人獲得訊息的機會；而匿名則指的是姓名或其他個人辨識物如身分證號碼、住址，不和個人資料連結，以至連研究者都不知道資料指涉對象的身分。

　　然而有許多研究者經常有意或無意混淆了保密和匿名之間的差異。有的問卷說是匿名，卻又有關於出生年、任職學校或研究機構、最高學歷、族群等問項，其實這些資料已經足以讓人指認受試者的身分了。有的問卷在回郵信封後面底部寫有數字，周樑楷 (1997: 94) 發現「他所收到的問卷調查大多暗藏密碼，甚至手法如出一轍，好像這些研究學者都曾上過某種『研究方法』的課程，一齊調教出

來的一樣。」更惡劣的是有些研究者控制回郵信封郵票的位置和角度就可以據以查出回函人的身分。

　　研究者可能刻意透過欺騙的手段，假裝是匿名問卷以提高受訪者填答問卷的意願，其實仍然企圖連結問卷資料與填寫人的身分。密碼也可能只是為了知道何人尚未填寫問卷，以便進一步催之填寫。如果是為了後者的目的，其實研究者可以在發問卷的同時，給予一張回函明信片，告知受訪者在寄出問卷的同時，將明信片分別寄出，如此研究者既可知道他已經填寫問卷，又不會知道回收問卷資料對應的真實身分。

　　許多研究者引述 Westin (1967) 對於隱私權的界定，亦即個人、團體或機構有自己決定何時、如何將訊息傳送給他人到何種程度的權利。這種隱私權的概念，對於社會科學的涵意是研究對象作為自己隱私權的守門人。當他要控制私人領域資訊流通的時候，就必須知道意欲獲取資訊的人與目的。同意書正是建立在這種隱私權概念的基礎上。

　　研究對象對於隱私的控制牽涉研究者角色的複雜性。如果對於隱私有固定而明確的界定，則研究者在田野裡知道遊戲的規則。他知道不要逾越隱私的界線，例如，進入私人的浴室或獲取他人銀行存款的資料。可是有時候研究者是以別的身分進入某個生活領域，而非研究者的身分，此時研究者的角色與作為就值得商榷。例如，研究者同時又是老師的角色，學童可能信任他們熟悉的老師進入他們私密的生活世界，可是不願意讓研究者進入。

　　如果保有隱私權是受訪者的權利，則當他決定不告訴研究者他為什麼還沒有結婚、上星期為什麼離開他的女朋友，他有權保有他的隱私。研究者有沒有權力用各種技巧施加壓力以獲得其有興趣的

資料？這樣合不合乎學術倫理？其實每一個心理測驗、問卷調查與訪談都免不了會侵犯到他人的隱私權，因為測驗的目的就在於找出受試者隱藏的資料和看法，而且當研究對象企圖控制其自身之隱私時，研究者可能不是加強其保護而是解除其防衛。

研究方法教科書告訴我們「不」不是一個研究者應該滿意的回答，並教我們各種獲得「困難」資料的技巧。教科書上就教導學生利用問卷題目次序的安排、在訪談開始時先拉近彼此的關係，取得受訪者的信任，以解除受訪者的防衛，這些已經成為調查訪談方法所必備的知識。當研究對象與研究者在協商隱私的界線時，往往研究者是一個比較有豐富經驗而有權力的協商者。研究對象以為他擁有控制的權力，尤其在簽署同意書之後，研究者得到進入私人領域合法的許可證，而研究對象可能只有服從的可能。

基於此，過去將隱私權視為個人主觀的詮釋與控制的觀念，慢慢轉移到更大的政治脈絡。集權國家加上電腦科技的進展，可能對個人隱私權產生更大的危害。《時代雜誌》(*Times*) 曾以「隱私權之死」作為封面故事主題，報導電腦資訊科技當道的科技社會裡，個人隱私正遭到何種方式與程度的侵襲，而在資訊社會這個樂觀名詞的背後，隱藏多少我們所不知的個人隱私暴露的風險（劉靜怡，1997）。我們經常提供個人資訊給政府，當政府沾沾自喜宣稱將來身分證、駕駛執照、健保卡、信用卡等個人身分證件合而為一的時候，是否意味個人隱私的流失，甚至終至蕩然無存？政府處理人民資訊的同時，是否應該受到必要的規範（劉靜怡，1997）？

堅守保密的研究倫理準則可能會與個人的道德要求發生衝突。如果受訪者透露他販毒，研究者該怎麼辦？報警？還是銷毀錄音內容，將此樣本剔除？如果受訪者透露要炸毀某一個火車站？他家裡

有一件走私的象牙雕塑品？她曾經非法墮胎？某個群體有集體自殺的傾向？如果研究者發現家長虐待小孩，依美國法令規定，研究者有義務要告訴社會局。又如果弱勢者受到既得利益者或機構的迫害，是否還要保持緘默、信守保密的倫理準則 (Bailey, 1996)？

有的人認為階級（性別、權力、種族等）因素不應該成為倫理判斷考量的因素，所有人都應該受到相同的對待，但是這個就實踐的層次上卻很難達到。設想如果研究者發現警察非法毆打人的事實，研究者是否要信守保密的原則？要不要介入？如果被打的人是黑道大哥、女工、遊民、小孩或是你的配偶、兒女，你會不會有不同的決定？介入有可能意涵研究會被迫結束，則你的決定會不會受到你研究目的的影響？想想如果你是在進行課堂的作業、碩士論文、國科會委託計畫、升等論文或是一本書，你的決定會不會有所不同？有的研究者以文化相對論作為不介入田野事件的理由，可是如果遇到婚姻暴力時怎麼辦 (Lipson, 1994)？

資料應該小心處理，以免沒有保密，破壞研究對象的隱私權。例如，電腦檔被破壞或資料被偷（如果電腦檔有可能被他人侵入或辦公室他人可能進入，應該將資料和辨識碼分開儲放，例如放在另一個保險箱中）。田野研究的描述經常充滿細節，它穿透人們日常生活的門面。人們可能談論他曾經犯下的偷竊行為、辦公室裡的政治、某個鄰居的緋聞，這些資料可能有助於研究者去了解某個地區或族群的文化。但是研究者揭發這些訊息，也可能導致某個學校、辦公室、社區緊密人際網絡的瓦解。

假名的使用可以偽裝他們的真實身分，保護他們免於受到傷害。為某個社區或村落取個假名，可以免於一般大眾的好奇與窺視而干擾他們的日常生活。連原始資料都使用代號，也可以避免資料不小

心落入他人之手而造成傷害。不過有時候使用假名都還不夠，因為一個學校只有一位校長、一個村落可能只有一位醫生，此時假名只能保護這些人免於被一般社會大眾指認出來 (Fetterman, 1989)。雖然報告中沒有使用真實姓名，但是有心人可能根據前後資料、統計表格等而推論出真實的研究對象。例如，在工廠的同一個部門連續工作五年的閩南人可能就只有一個人。因此，分類要夠大，以免他人可以從中輕易挑選人出來 (Sieber, 1992)。

　　筆者在紐約從事留學生的意義研究的時候，由於許多留學生就讀同一個學校，而知道他們的同學也是我的受訪者，他們就會很關切我是否可以確實做到保密，不把他們的回答洩漏給他們的同學知道。能夠建立互信，他們才願意告訴研究者私密的訊息。因為每個人有不同的朋友圈，願意透露不同的訊息，而研究者卻可能同時得到不同領域的訊息，如果研究者也涉足其生活圈就要特別的小心。因此研究者在公開資料的時候，必須小心謹慎、步步為營。研究者是否有其他的寫作方法或可以改用其他的資料，而不要透露研究對象的身分？研究結果的重要性真的可以合理化暴露身分的舉動嗎？如果明顯地會對研究對象造成傷害，是否應該放棄這筆資料？研究者應該以非父權的方式隨時下最適當的判斷 (Fetterman, 1989)。

　　保密的保證是現代研究的標準操作，但是也可能加強偏執想法。Reinharz (1984) 指出我們例行的問卷調查，經常強調匿名、保密、不會花受訪者太多時間等，這些想法其實也可以試著從另一個角度重新思考。例如，「我們不會把答案給其他人看」意味受訪者似乎有什麼東西要隱藏。我們認為匿名性是重要的，一方面是因為我們關心保密，一方面因為我們對於受訪者的獨特性沒有興趣。如果我們知道他們的名字，我們會做什麼？似乎意涵沒有匿名，受訪者就不

敢對他人說實話了，匿名問卷可以卸下受訪者的重擔。盡量不要花受訪者太多時間是否表示我們不期望他們關心、花時間去改善研究問卷中所關心的社會議題。有的受訪者根本不希望保密，例如，公眾人物希望藉著研究者傳達其想法，社會底層的人希望他們的處境能夠讓人看得到 (Homan, 1991)。

此外，保密對於學術研究有其他副效果：可能影響其他研究者去檢驗其資料、減少次級資料分析、進行長期研究、跟其他檔案資料連結分析的可能性 (Homan, 1991)。

✎ 六、同意書

讓研究對象在研究之前簽署同意書的本質，是研究對象在獲得有關研究目的與性質的足夠資訊的情形下，有同意或拒絕參與研究的權利 (Homan, 1991)。在美國，簽署同意書的準則已經廣泛地為醫學界與社會科學界所採用，並且受到聯邦法令的保護。

同意書的內容應該要包括研究的性質與目的、需要參與的時間、研究步驟、是否有實驗性質、會不會引發風險或不舒服、可能獲得的好處、有沒有替代的方法步驟、如何處理保密的方法、如何處理紀錄文件、如果有風險其代價或治療方式為何、研究聯絡人及方式、研究對象的權利，以及拒絕參與不會受到懲罰等描述。簽署同意書規範的討論過程也顯示自由主義者為倫理規範的捍衛者，反對欺騙、說謊、錯誤表現及隱藏的研究方法，以免對研究對象造成傷害。研究對象被視為理性的行動者，需要「事實」來決定與行動以符合其最大利益，而同意書提供足夠的基礎。

有關簽署同意書仍然有許多爭論之處。同意書是為了對研究對

象誠實，但是在實際執行過程中同意書往往仍然牽涉欺騙，沒有告知研究對象所有的資訊，以方便研究的進行。然而如何決定多少資訊是充足的？其界線在哪裡？似乎仍有待研究者、人審會 (Human Subject Review Committee) 等的討論判斷，無法由固定的倫理準則來決定。此外，是不是所有的研究對象都希望在研究之先掌握研究計畫的資訊，也不必然。關心知道的權利的同時，也許有些人有權利不知道，例如癌症病人。Homan (1991) 以他的研究為例，教堂的參與者可能不會限制研究者進入教會中所舉行的儀式，但是他們在祈禱時寧願不要知道自己正在被別人觀察。

同意書對於主流社會學研究只是造成一些技術性的不方便，但是對於質性研究者而言卻可能帶來操作上的阻礙。倫理規範其中一條說明研究者必須在研究之前判斷研究所可能造成的風險與日常生活中原有風險的關係，因此在他才想要對此文化進行研究之先，他就必須設計就文化上合宜的同意書。同時簽署同意書也似乎假設事件、意義、關係與集體性都沒有在蒐集資料的過程中改變。因此同意書也許是必要的，但是卻不足夠。同意書的真意，應該將之視為一個過程，在研究過程中透過研究者和研究對象的互動，對當地文化逐步的了解，隨著關係的轉變，相互協調適當的研究關係。

同意書是被研究者控制自身訊息流通的守門員，根據研究倫理規範研究對象似乎有權利可以拒絕接受研究，但是在真實的情況下並不必然。可能因為他和研究者在研究情境以外仍然有其他的關係；可能怕損及群體，例如公司、學校等的利益；可能在上級主管的壓力下，所以不好意思拒絕。如果實驗進行一半，可能也不好意思在實驗中途一個人在眾人面前離開。此外，研究對象可能根本不知道自己在研究中會揭露了什麼？例如，兒童可能只是在說故事，不知

道研究者對其拼字、想像力有興趣。

　　同意書的簽定，將道德責任從研究者的身上轉到研究對象的身上，由他們界定隱私權的界線以及資訊的流通，但是往往同意書成為有權勢者拒絕成為研究對象的理由。Wilkins 指出監獄管理人員鮮少關心囚犯的權利，但是當有人要研究監獄的時候，獄方就會假借保護囚犯的權利，要求倫理規範，實則在保護獄方自己（引自嚴祥鸞，1997）。然而對於較無權勢的研究對象，沒有談判的能力，因此其隱私權就比較容易受害 (Homan, 1991)。尤其對於社會「偏差」團體、被社會汙名的族群、牽涉非法行為的人而言，簽署同意書無異承認加諸身上的標籤，留下紀錄，如果同意書沒有留存好，反而可能成為將來對之不利的證據。

　　謝世忠 (1987) 曾經提到他所從事臺灣原住民運動研究的經驗。當時他還在美國華盛頓讀書，該校的人審會要求他必須準備一份同意書，在訪談前請報導人同意簽字後始可進行研究。他認為簽名並不適用臺灣的文化，況且報導人如果不識字怎麼辦？於是他自己設計一份保證書，「保證報導人的一切權益會受到尊重；也保證研究者將負一切未所料及之後果的道德與法律責任。這份保證書由受訪者永遠留存，並隨時可據此向研究者提出各項質疑。」他認為讓受訪者簽署同意書，代表簽名者要對訪談負責，這對受訪者並不公平。然而保證書意涵由研究者完全負責，應該是較適當的作法。最後，也得到校方委員會的認可，而受訪者在他開誠布公的態度下，就無所忌諱地提供訊息。

✎ 七、隱藏式研究

社會科學研究裡引起倫理爭議的案例，有許多都與「隱藏式研究」(covert methods) 有關，亦即是否應該告知被研究者研究的目的與研究者的身分。隱藏式研究有不同的種類 (Homan, 1991)：

1. 隱藏 (concealment)：例如，利用隱藏式麥克風或單面鏡記錄學前兒童的行為；黑人和白人研究者分別帶著隱藏式攝影機拍下他們因為種族不同而受到不同待遇的經驗，以探討種族歧視。

2. 誤現 (misrepresentation)：研究者使用假名，給予研究對象較模糊甚或誤導的研究目的，以利研究的進行。

3. 偽裝 (camouflage)：研究者像是變色龍，希望在田野裡隱身不被發現。例如，上面討論的偽裝精神病人以及 Humphreys (1975) 的公廁研究。

4. 獲取機密文件 (acquisition of confidential documents)：利用第三者 (third party) 作為替代受訪者來獲取資料，例如，訪問先生以了解女性的性行為。又如 Humphreys 觀察使用公廁的人的汽車牌照號碼，再從政府機關獲得該受觀察對象的姓名與住址。

以下即是一些曾經引起爭議的社會研究案例。Caudill，一位人類學家，只告知醫院兩名高級行政人員他的真實身分，偽裝成精神病患進入醫院，待了兩個月。然後再以研究者身分告訴其他醫師和病人，再度進入醫院研究。因此他可以比較公開和隱藏式研究方法的差異。作為病人的身分，他發現較多有關感覺 (feelings) 的資料，而較少事實。意即病人的角度讓他看到病院中的生活，但是較少發現醫院行政的運作方式，而這兩種方法正好相互補足（引自

Homan, 1991)。

8 名研究者，3 女 5 男，偽裝成會聽到幻音的病人，分別進入美國東西岸不同的醫院。他們使用假名、假的職業宣稱，如此才不會和既有的過去病例連在一起，也防止得到差別待遇，因為有的研究者就是精神醫學的專業者。他們必須依賴自己、證明自己精神正常才可能出院。結果他們平均在醫院待了 19 天，最長的待了 52 天才出院。在這段期間內，醫生開給他們 8 人 2,100 顆藥丸。當時，醫學界認為可以根據外顯癥狀判斷一個人是正常或異常，結果這個研究挑戰了當時精神醫學界的自信（引自 Homan, 1991）。

Ditton 到他大學時打工的麵包店做研究。他在畢業典禮那天進入麵包店，成為隱藏的參與觀察者。他的工作是 12 小時換班制，他無法記得所有的資料，因此一有好玩的對話，他就會進廁所做筆記，他回憶幾乎所有的筆記都是記在廁所的衛生紙上面。他的研究旨趣在於工人被認為是「犯罪」的行為，他關心工廠工人如何適應單調的工作，發展出操縱時間的策略，例如無所事事（引自 Homan, 1991）。

1986 年 Homan 因脊髓炎而住院，觀察和反省已經變成他的習慣。在診療的時候，他就和醫生交換他的觀察反省心得，當他可以坐起來的時候，他用打字機寫了一篇論文，並且給醫生和護士讀。根據他們的建議修正，後來寫成論文投稿給《英國醫學期刊》(*British Medical Journal*) 發表（引自 Homan, 1991）。

Sissons 在車站前假裝問路，並且用隱藏攝影機錄下過程，她真正的興趣在人的行為語言。錄影結束後，研究者會表露真實身分，經過解釋後，80% 的人感到不高興。然後研究者再問一些有關個人的資料。

Griffin 在五〇年代冒著損害肝臟的危險，透過吃藥及照射紫外線將自己的膚色改變，然後在美國南方以黑人的身分深入黑人社區進行研究。但是當研究結果發表後，電視和報紙有關他實驗的報導，引起黑人社區對他以及他家人的極大反彈，在強大壓力下，他的家人只好賣了房子搬到墨西哥住 (Homan, 1991)。（讀者可以想像如果研究者因為研究而去當舞女、老師或信教者，會引起何種不同的反應?）

上述的研究中，隱藏的策略就在其研究設計之中。Peneff 的研究則顯現了一個動態的研究過程。

Peneff 在沒有民族誌經驗的情況下，計畫研究阿爾及利亞在法國撤走之後的經濟發展與工業化等問題。他研擬了三十幾題訪談問題：誰借你錢來創業? 父親的職業? 革命前你在做什麼? 隨後他獲得贊助，掌著學校的介紹信，以阿爾及利亞大學社會系教授的名義進行研究。最後他計畫研究一些行業，於是他向國家工業局要資料，隨即拿到工廠地址及負責人資料的名單。祕密似乎是不必要且不合宜的。有大學和政府的支持和專業聲望，研究沒有什麼爭議的題目，他想研究應該不會有什麼問題，但是他錯了。

他想要研究的工廠沒有列在電話簿上，也看不到招牌，工廠大多數藏在地下室、大樓或農場中。即使工廠發出的味道、機器聲說明工廠就在附近，也沒有人願意幫忙他找到。問題就在於研究者的自我呈現。他盡量清楚與誠實的說法，被當地人認為是不誠實的表徵。對當地人而言，客觀學術研究是沒有意義的。他們每天為基本生存而煩惱，奢侈地花錢來研究社會過程與結構是無法理解的。國家大學的成員、政府提供的名單（其實都已經過時了），都說明他不是一個天真、中立的研究者。對他們而言，更合理的解釋是他是一

個收稅員、便衣警察、政府官員或工會組織者來打擊工人，因此老闆和工人都不願意幫他的忙。

他改變策略，跳開與大學及政府的連結，接受商業公會的補助。工業家較容易接受他，但是他們傾向資本主義發展，又與社會主義政府的方向不符，要做一個中立的研究者似乎不可行。資本家和社會主義者用不同的方式解讀他的行動。他發表的期刊文章被視為是反政府的，當時法國想打倒社會主義政府。他的電話開始被監聽、被便衣警察跟蹤、祕密警察誘騙他去參加犯法的示威行動。當這些動作失敗的時候，政府轉而向大學施壓。結果他被免職、驅逐出境，他的研究沒有完成，他的未來不知往哪裡去？

他適時地找上法國大學，決定再試一遍。他編造一個假的自傳與專業，印一張假的名片，說明他是一個在北非銷售工業設備的法國公司（假公司）銷售代表。他穿上西裝、提老式公事包，進入阿爾及利亞。當地人可以接受法國商人的角色，假設他可能對政府不滿，但不會有害。街上的人也都願意合作幫他找到地下工廠，祕書或工人則會介紹老闆給他。坐下之後，他就會顯現不好意思與驚訝，假裝他到了不對的公司。如果到了食品工廠，他就會說他是作服飾的，但是他並不急著走，接著表現對生意的興趣、談論經濟現況、國際貿易等話題，結果整個研究進行很順利。

他角色的成功有兩個因素。他被視為一個能掌握國際經濟的法國商業代表，他和企業老闆的關係建立得非常快，他們馬上就把他視為自己人。商人透露他們詳細的自傳、說明如何在革命期從事祕密的反抗活動、回教人如何隱藏產權歸屬以保護他們。他被帶到私人運動俱樂部、聚會的酒吧，說明他們實際的獲利和政府公布的數字有何不同。他一方面被視為是一個有知識的法國商人，同時也是

一個年輕、新來、不了解阿爾及利亞工業化的人。他運用這個無知，讓當地人帶領他社會化。他扮演外國人、暫時的年輕訪客，讓他容易接近他們、獲得信任。他們急於教育 Peneff，告訴他回教生活和革命；當然他們也利用 Peneff，要他對設計給喜歡法國品味的人的食物、酒、家具、服飾等提出批評；有時候則幫他們打電話、寫信。他找到既符合研究興趣、又能滿足當地人期望的研究方式，但是這種研究能夠算是負責任的民族誌嗎（引自 Mitchell, 1993）？

　　另一個爭議更大的社會學研究，是 Humphreys 有關公廁性行為的研究：「公廁交易」(Tearoom Trade)。1965 年 Humphreys 在發表一篇有關同性戀的論文之後，指導教授問他同性戀者通常到哪裡進行性行為？而這個是他那篇文章所沒有處理的，他猜是公共廁所，但是這只不過是他的直覺而已。社會學家研究酒吧、牛郎，但是公共空間中陌生人的性行為，可能被警方逮到，卻沒有人針對這個行為進行研究。社會學家避免這個偏差行為的研究領域，由於其方法與情緒上的困難可以想見。然而得到許可進入同性戀的祕密世界，進行民族誌田野觀察，和同性戀者維持良好關係，必須對各種性行為抱持沒有價值判斷的態度。而這種態度可能和研究者的社會過程中所學有所抵觸，不容易克服。知識上的訓練並不能幫助研究者去克服情緒的調適，而研究倫理使得這個問題更加複雜。

　　Humphreys 的興趣在於研究公共空間中的陌生同性性行為，為了準備這研究，他必須熟習同性戀的次文化。由於他過去在教會工作，對此次文化並不陌生。就像其他的偏差團體一樣，同性戀者也會發展防衛外人的策略：隱藏自己的真實身分、使用眼神交流與象徵動作、不願意透露聚會的地點、對陌生人高度的警覺、只有在熟人陪伴下才得以進入某些地點。找到這些地點對 Humphreys 而言並

非難事，發現友善的潛在訪談對象之後，Humphreys 就告訴他們自己研究者的身分，他們帶他去參加一個扮裝舞會前的雞尾酒聚會。一個月的時間內，他去過十個同性戀酒吧、參加私人聚會、舞會、男妓出沒的咖啡廳、在同性戀者經常出現的公園與街道進行觀察，並且進行十幾個非正式的訪談。他的第一個想法是如果要觀察高度汙名的行為，你就必須偽裝成為船上的一員。如果你帶著「我是研究者」的牌子，你在公廁中將只會看到沖洗馬桶的動作。

　　最後 Humphreys 找到把風皇后（watchqueen，在研究者進入之前就已經有的既存角色）的角色扮演，亦即把風的人，他站在窗戶或門邊，或者在其間走動，可以觀察到進出公廁的情形。當有警察或陌生人來的時候，就咳嗽以警告公廁內的人；沒有問題或常客進來的時候，他就點頭。他忠實地扮演這個角色，並且觀察成百的同性性行為。他得到一些觀察對象的信任，說出研究者的身分，對他們進行訪談，但是願意接受訪談的人大多數是教育程度較高的人。為了避免樣本的社經階級的偏差，他偷偷記下其他人的年齡、穿著與汽車牌照號碼，經由交通警察機關獲得車主的姓名與住址。一年後他參與一項政府舉辦的健康調查，將自己有興趣的題目融入，將五十個他的觀察對象放入這個調查的樣本中，並且擔任訪員。他改變穿著和髮型以免被認出，到這些人的家裡進行訪談，詢問有關其婚姻狀況、職業等資料。

　　結果他根據此研究所寫的書《公廁交易》得到 C. Wright Mills Award，然而後來華盛頓大學校方認為 Humphreys 在研究過程中多次犯下重罪，企圖撤銷他的博士學位，但沒有成功，不過仍然中止他的教授合約以及研究計畫的參與。批評者認為 Humphreys 的研究牽涉多次的欺騙與傷害，研究者偽裝成 watchqueen 的角色，隱藏其

研究目的，進行觀察；獲取研究對象的姓名、車號與地址等研究者不應該得到的資料；將自己的研究興趣納入另一個健康調查，而受訪者又不知其研究目的；研究者再度偽裝成訪員，和他在公廁的觀察對象面對面訪談，獲取更多受訪者的資料。此研究的發表，可能會對同性戀族群或是許多已婚卻又到公廁與同性發生性行為的男性造成傷害。批評者諷刺：過去我們在日常生活當中要提防警察、徵信社人員，現在我們還要時時提防是不是有社會學家在觀察、研究我們？

Humphreys 反駁說他最高興的一點，就是同性戀族群對他的著作有很好的反應，很高興他為同性戀者洗刷了汙名。接著他表示他也想描寫他和研究對象之間互動過程中的溫暖與幽默，可是為了保護他們的隱私以免被認出，因此無法像 Whyte 寫出那樣動人的研究經過。

他認為任何研究都有傷害的可能。檔案研究如果不能幫助對於社會行為的了解，而是扭曲它，也會傷害到人。犯罪學家使用聯邦調查局過濾的犯罪統計資料進行研究，研究者待在研究室搖椅裡，確保自己的安全，但是研究結果可能創造一個虛構的犯罪潮，因為他使用的方法已經偏離了事實真相。方法沒有所謂絕對的好或壞，而是比較好還是比較差。他還沒有碰見一個對研究對象完全誠實的研究者，如果有的話，那所有關於建立有效 (effective) 問卷的討論都可以丟棄了。

研究者的角色也沒有所謂絕對完美的呈現。社會研究的倫理是情境倫理 (situation ethics)，要隨時權衡。他忠實扮演 watchqueen 的角色，所以沒有所謂錯誤的傳達角色的問題。公廁是公共場所，任何人都有權進入，他在進行社會調查的時候，或許沒有全然透露他

的身分，但是也沒有錯誤地傳達，他只戴兩頂帽子其中的一頂，並
無刻意偽裝。他多重使用他的資料，使用並非受訪者原來以為的用
途的資料，難道就是違反學術倫理嗎？只要確保安全，他們不是經
常使用政府普查的資料庫嗎？他認為他的研究不會增加或減少公廁
中的性行為，但是他希望讓讀者對於已經存在已久的活動有比較好
的理解。

　　在道德或知識上，他並不反對公廁性行為，但他反對社會對這
些行為的指責。作為科學家，他希望導正社會對這些行為的迷思與
殘酷對待。不過如果這個研究有可能重來一次，他會花更多的時間
在公廁和觀察對象建立良好的關係，並進行訪談，而不會去得到他
們的姓名和地址，以健康調查名義到府上訪談，雖然這樣樣本可能
會有偏差，但是也可能得到更為豐富而深入的資料。

　　針對隱藏式研究的爭論，可以分為以下幾個面向來探討：

㈠資料品質

　　Bailey (1996) 進入 Midsouth County 社區研究當地婦女的健康
照顧議題，當她以研究者身分表明研究的目的之後，社區居民對於
能夠成為研究對象覺得受寵若驚，帶她到處看、主動引薦她參與許
多的社區活動。她認為如果她沒有誠實地公開研究者身分，可能會
導致當地居民的懷疑、憤怒、不合作，甚至被逮到說謊，更不用說
研究者在心理上會因為說謊而有很大的壓力。

　　反對欺騙的另一個理由，是隱藏研究者的角色會限制研究的範
圍，因為研究者身在其中，因此不會對某些事情質疑發問。再者，
有些問題田野中大多數人允許研究者發問，可是如果自己人問這些
問題卻會被視為愚蠢或突兀的。Bailey (1996) 說住在國民住宅裡的

婦女都知道她對於健康照顧議題有興趣，所以她對於居民得到酵母感染時會做什麼的發問被視為是理所當然的。可是如果她的研究者角色不清楚的時候，恐怕很難在平常的互動中做同樣的發問。所以隱藏研究者的角色反而可能妨礙許多有價值資料的獲取。田野研究中有許多的洞見是來自於研究者自我之反省，可是當研究者時時要保護自己隱藏的角色時，反而受到很多的限制，沒有辦法敞開胸懷去傾聽、質疑和觀察。

　　研究者也可能因為這個角色在田野獲得特權，例如，獲得特權進入某些對於當地人而言是禁忌的場合。例如，澎湖縣某個漁村，其清明祭祖之後「吃祖」的宴席，向來不准女性出席。女性負責準備食物、隨時提供各種服務，供男性大快朵頤。但是在當地進行田野研究的女性研究者，卻由於她們在階級和權力上的優勢，而受到男性村民的力邀，可以和男性在宴席上平起平坐（謝慧娟，1996）。如果女性研究者採用隱藏的研究方法，恐怕就無法進入這種場合。

　　有關資料的品質，各有說法。公開研究法，其資料的取得受研究對象擺布。Zhargreaves 選擇坐在教室後面觀察的研究方法，結果學生一下子就忘掉他的存在，可是學生告訴他，老師的表現有戲劇化的改變：「當你在的時候，他就盡量假裝表現成為一個小天使。」（引自 Homan, 1991: 116）

　　也有學者認為隱藏式研究方法是進入某些田野唯一的辦法，坦白研究者的身分將遭受拒絕，例如，在從事非法活動的領域進行研究。他們認為科學知識和真理可以合理化任何欺騙的手法，也認為反對者經常過度誇大隱藏研究中的欺騙。Denzin (1968) 認為社會中公共和私密行為的界線是隨著情境而變動的，很難在研究之前就精準判斷是否侵犯到研究對象的隱私權。根據 Goffman 自我表現的概

念以及日常生活中經常出現的善意的欺騙,其實老實的參與者和偽裝者之間的分野很難清楚斷定。

㈡對研究對象的傷害

在田野中隱藏研究者的角色,違反簽署同意書的原則,因此被認為是向研究對象偷竊資料。值得爭議的是,若研究者是為了更大的善的時候,有無權利這麼做?又什麼情況下研究對象沒有權利鎖住自己的資料?反對隱藏式研究的學者,認為它背叛誠信、破壞個人自由,沒有任何因侵犯個人自由而得來的資訊是有其價值的。它也可能影響研究對象的行為或利益,例如,Ditton 的研究可能會影響麵包店工人的薪水。隱藏式研究方法並非必須、不可取代的,其實可以用更誠實的方法來獲取資料。

支持者則認為隱藏式研究者可能其實對研究對象更敏感、更會照顧他們的感受,隱藏式研究出版的報告通常也對研究對象比較敏感。公開研究固然有同意書取得在先,可能反而認為獲得的資料可以任其處理。相反地,隱藏式研究者會對於所觀察到的私密世界小心地處理,去除所有可能導致認出研究對象的線索、改變不是關鍵的訊息、將資料放在銀行的保險櫃裡。

Klockars 提到他在田野中的多重關係,他的報導人同時也是他的老師、學生、朋友與導遊。每一種角色有不同的責任、義務與期待,而其中許多關係和研究者/研究對象之間的關係是有衝突的,也因此無法經由簽署同意書來規範(引自 Emerson, 1983)。

所以同意書準則的訂定,其對道德上的要求之關心其實遠超過對隱藏研究實際造成的傷害。因為反對隱藏式研究的人可以接受一個社會學家在真的生病住院的時候去研究他的住院經驗,可是卻認

為社會學家沒有生病而喬裝病人去研究住院經驗是違反學術倫理的。讀者可以反省自己的道德判斷為何？這種研究對田野的貢獻與傷害為何？

㈢對學術界的傷害

隱藏式研究汙染研究環境，使得下一個研究者難以進入同一個田野。它破壞社會研究的令譽，如果人們對於研究的方法和目的都質疑的話，他們會關上接受研究的大門。此外，習於欺騙會降低研究者的學術敏感度，而為了維持隱藏者的角色，怕身分被拆穿，研究者心理壓力也很大，例如，隨時怕被認出來，怕隨身的田野筆記本掉了。

但是相反地，有的學者認為研究對象關心的可能不是方法，而是出版的內容是不是有偏見、是不是客觀？如果研究結果的詮釋，帶給田野和居民汙名的話，對研究對象的傷害更大；而使用隱藏式研究方法，若是能夠設身處地了解當地人的經驗和想法，提出同情的理解，則身分的欺騙對研究對象而言是無關緊要的。

㈣權力關係

Wax 提到同意書經常被醫院、學校或監獄的守門人用來阻擋研究者去研究他們所控制的人，所以同意書其實是歧視沒有掌握權力的人。因為有權勢的人自會使用法律或其他資源來反抗，可是弱勢者沒有反抗的能力。不過也不盡然，例如，Caudill 的精神病院的研究是對精神醫師的挑戰。

同意書是針對單獨的研究者的規範，尤其是研究邊緣團體，如吸毒者、販毒者、原住民、同性戀者等的研究者。但是同意書以及

其他倫理規範卻很少針對整個專業界進行反省，例如，學術界和企業、政府的親密共生關係。有些學術界仰賴特定政府機構或企業支助研究計畫的進行，我們是否也應該對這些研究加以規範。

我們試著舉一些假設性的可能，如果核工系研究計畫的經費來源大都來自於原子能委員會，針對住宅輻射鋼筋事件，能否期望其發出客觀之聲？如果土木大地工程研究者的經費大都來自內政部營建署，地震使房屋倒塌，民眾將過失指向營建署的山坡地政策錯誤，此時能否信賴上述研究人員進行工程安全鑑定？社區居民會不會信任？如果營建署果真有疏失的話，研究人員會幫營建署粉飾太平，還是得罪營建署，自斷將來的研究經費來源？

㈤社會擴散作用

隱藏與欺騙可能成為研究者日常生活的習慣，欺騙變成一種生活方式，以致於在研究的情境之外，朋友仍然會變成研究者的研究對象。這種欺騙的習慣也可能會擴散到社會。不過也有人認為在其他領域裡，欺騙是可以接受的，研究為什麼就不同。娛樂或說故事中，欺騙是可以接受的，而人們在參加心理學實驗之前，其實已經知道實驗中有欺騙了。

✎ 八、公開研究的欺騙

社會科學研究中，即使研究者表明身分，無論實驗、問卷調查、訪談或田野研究，都仍然可能有欺騙和祕密涉入研究過程當中。研究者從來不曾告訴研究對象所有的事情，田野研究者也可能對田野中不同的人透露不同程度的訊息。例如，醫院的行政人員可能知道

研究者的身分，可是病人不知道；他們即使告訴研究對象研究的內容，也不會告訴他分析的理論角度。為了詢問田野當地人視為理所當然的議題與預設，研究者可能裝傻，好像對此議題一無所知。壓抑自我的一些面向，扮演無知、無威脅的角色。

學術研究中使用欺騙的目的，通常是為了減少研究對象因為知道研究的真實目的與過程而產生反應 (reactive behavior)，一方面可能干擾原來進行的日常生活，一方面研究對象可能會迎合研究者的研究目的，而刻意隱藏原有的價值態度或行為，或者在研究者面前更賣力地演出。例如，告訴研究對象他對幽默這個議題有興趣，可能就會影響他們幽默的展現方式。其實所有的研究某種程度都牽涉欺騙，只是研究者到底要向研究對象說明到什麼程度？在什麼情況下，他們要保守研究的祕密到什麼程度？祕密既不可免，只有勇敢面對它作為研究不可分割的一部分。

然而科學的目的是為追求真理，卻又不斷使用欺騙，不是很奇怪嗎？如果欺騙為研究所必須，又找不到更好的替代研究方法，則可以事先說研究過程中有欺騙，先徵求研究對象的同意。是否大眾在作心理測驗或實驗的時候，已經預期會受騙？如果受限於學術場所，且是必須的，是否大家可以接受？但是人也越來越精，以擊敗心理學家的設計為樂，或故意亂答。

Fetterman (1989) 還是大學生的時候，曾經參與複製 Milgram 服從實驗，他中途就離開實驗室。那一次參與實驗的經驗，影響他參加其他實驗的行為，他屢次嘗試推斷研究的目的，然後故意給相反的反應，來破壞研究。然而欺騙不能成為研究的常態，如果用事後翔實告知再作一次欺騙，那後果將會很可怕。欺騙就像用 DDT，剛開始有效，但最終會汙染了環境。華盛頓大學校園學生射殺另一學

生，過路的學生沒有人阻止、沒有人去抓他，因為他們都以為只是另一個心理實驗 (Diener & Crandall, 1978)。過度依賴欺騙，研究者會成為一個差勁的科學家。把實驗、研究當成遊戲設計，從設計欺騙中得到快樂。只想怎麼設計一個高明的實驗，而不是一個中規中矩而嚴謹的研究。結果把「聰明的欺騙」看得比「知識的發現」更為重要。而欺騙，有時會讓研究者有罪惡感，覺得在操縱人，把人當物。

Reinharz (1984) 提出反對欺騙的理由：研究欺騙的預設是，從天真的受訪者比從有足夠資訊的合作者可以獲得更好的知識。社會菁英不能將有權力研究別人視為理所當然，並且用欺騙或自我合理化的方式。研究經常採用強硬的模式：拿、攻擊、跑，他們侵犯別人的隱私、擾亂其認知、操縱其關係、然後沒有回饋；一旦研究者的需求得到滿足，就結束關係。人本主義式的研究將轉化這種攻擊的模式，重新界定研究對象為彼此互惠的合作者，並反省雙方參與研究的動機何在。

Gans 則提出另類的思考方式：「如果研究者對他的研究活動全然誠實，則人們會隱藏他們認為不合宜的行為與態度，所以會不誠實。因此，研究者必須不誠實以獲得誠實的資料。」（引自 Punch, 1986: 41）

✏ 九、另一種欺騙與作假

有別於隱藏式研究中，研究者隱藏自己的身分（偽裝或誤現），或是在公開研究中不完全告知被研究者充分的資訊等欺騙方式，有些研究所牽涉的欺騙，則沒有為了學術真理、公共利益、學術自由

等合理化的理由，其欺騙就是欺騙而已，可能是為了研究報告的出版或其他研究者自身的利益。

在癌症研究中心任職的 Summerlin 將黑色的漆塗到白老鼠身上，偽裝成皮膚移植，他的論文雖然附上照片，讀者也難以分辨。另一個由 Levy 所主持的實驗中，研究者將電極植入老鼠腦中的快樂中樞，並隨機給予刺激，以測量心理動力效應。所有的操作與紀錄都由電腦執行，不經由人手，但是 Levy 會適時地將資料計數器拔掉，以製造老鼠會影響發生器的假象。Levy 的欺騙行為被他的助手發現，其助手馬上辭職。事件曝光後，Levy 的研究生涯就此結束，但是其他心理學實驗也跟著受到他人的猜疑（引自 Diener & Crandall, 1978）。

英國心理學家 Burt 在全世界都極為知名，他的研究還得過美國心理學會 (APA) 獎，直到他死後，才發現他的研究有許多都是假造的。然而他的研究對於遺傳因素、種族差異等解釋，卻影響教育政策甚巨。他研究五十對雙胞胎在很不同的環境中成長，然而他們的 IQ 卻高度相關，顯示 IQ 是遺傳的，而不是受環境影響。他過於相信自己的理論，覺得資料只不過是秀給別人看而已。結果他製造假數據、自己個人的論文卻假造有共同作者、將本項研究結果在後來的研究中重複使用，以顯示前後的結論一致。雖然他的結論是假造的，但是他的研究不只對學術理論有影響，整個英國的教育系統就是建立在他的理論之上（引自 Diener & Crandall, 1978）。

學術研究的欺騙，有時不只是研究者個人的事，也和大環境有關。英國人民自認為英國是世界文化的搖籃，然而初始人類的遺跡、化石、壁畫等卻出現在法國與德國，而不是英國。1907 年德國海德堡發現原始人顎骨後，英國人更加不安了。在這樣的背景下，一位

業餘考古家 Dawson 在英國 Piltdown 發現人類的頭骨，他聯絡英國自然歷史博物館的化石權威 Woodward 一起到發掘遺址觀察。他們將骨骸帶回博物館，將之拼湊在一起，缺少的部分就依其想像用石膏補起來，稱做 Piltdown 人。1912 年他們在倫敦地質學會上公布，轟動一時，雖然也有人質疑骨骼有問題、臼齒不像是人的，但是並未引起注意，大家咸認是偉大的真發現。原始人是英國人終於得到證明。

　　不過一位動物學家 Hinton 仍然感到懷疑。他用已經滅種的象的腿骨製成板球棒，拿到 Piltdown 挖掘遺址埋起來，等著 Dawson 去挖掘。果然，當此棒被掘出時，Dawson 與 Woodward 煞有其事地在專業刊物上發表，聲明那是原始人運用工具的重要樣品。奇怪的是沒有人試圖去驗證那根球棒是不是真的，1920 年代中期在非洲找到類似人的化石後，Piltdown 人才開始被當作笑話。1950 年學者用現代科技檢驗，證明下顎是假造的，頭蓋骨也用顏料塗過。這件醜聞的意義，不在於誰是主犯，而是整個科學團體為什麼那麼容易受騙，願意相信那是真的（引自 Broad & Wade, 1990）？

　　研究的欺騙不一定出於上述案例那種精心的設計，在我們平常進行的問卷調查與訪談的研究中，可能就經常出現。如果不加以討論與反省，有的時候就習焉不察，讓欺騙成為研究的一部分。

　　例如，問卷回收之後，編碼員有可能會「拯救樣本」，幫忙回答空白的問題，以讓這份問卷可以列入分析。如果受訪者沒有回答種族這個問項，編碼員會瀏覽問卷，然後代為回答。這不只是扭曲資料，並且無視於受訪者不回答種族的意圖。編碼員沒有時間去想意義，必須馬上做決定。模稜兩可沒有在問卷設計考量之內，而被貼上「不一致」的標籤，然後被丟棄 (Reinharz, 1984)。

一名研究生曾經在寒假參加「選舉態度調查」問卷訪談的工讀。抽樣名單是調查指導員事先依性別、年齡、鄰里等比例而遴選的十五名特定受訪者，事先並發函通知此事。此外，也根據相同變項，準備一份備選名單。此份訪談的問卷厚達三十頁，完整的訪談，一份至少要三十分鐘以上。由於訪談時間正值農曆春節前後，村民忙碌異常，加上人口外流找不到受訪者，在天氣寒冷而訪員失去耐性的情形下，研究生只要找到正選、備選名單上的人就問，根本不管其規劃好的順位。結果即使此研究計畫事先有嚴謹的抽樣預設，在真實的操作過程中其實根本沒有實現。

筆者的碩士論文研究國民住宅的鄰里關係，我曾經找了兩位大學生幫忙進行問卷調查，問卷回來之後，我隨機抽樣打電話詢問住戶是否有大學生曾經來做過調查，結果發現有些住戶他們根本就沒去過，顯見問卷是訪員自己假造的。後來，我只好把他們已經做好的幾十份問卷丟棄，重新來過。

此外，為了出版與升遷，為搶第一個發表，研究者可能只發表支持的數據，不支持就當是壞資料而丟棄；統計只說有顯著性的，沒有顯著性的就避而不談，假裝沒有做，讓別人以為他只做了這幾個分析。

研究作假，不但會誤導我們對社會現象的理解以及政策的擬定，也可能會浪費後來研究者的精力去重複測試 (replicate)。

十、研究詮釋背後的理論觀點：以性別議題為例

社會現象複雜而多變，研究者不可能有一個全知的觀點，正如

詮釋學所揭示的，所有的理解都建立在先前理解上，植基於特定的社會歷史情境之中。因此，所有研究也都反映了研究者及其所處的理論傳統或研究社群的觀點。然而事實上，監獄研究往往從獄卒而不是犯人的觀點、工業研究從經理人而不是工人的觀點、軍事研究從將軍而不是軍人的觀點來研究，因此社會學常使得壓迫變得更有效率而合法 (Reinharz, 1984)。同樣地，社會科學也多數是由男性的觀點進行研究與詮釋，其結果往往強化社會原有的性別歧視。

　　有成千上萬的研究企圖證明性別的天生差異，結果似乎也都證明這個假設。然而問題是，研究結果顯示，沒有性別差異的研究可能就不會被學術期刊所接受，因為沒有發現統計顯著性就沒有學術價值。另一方面，此類研究也反映了研究者背後的性別觀點。

　　以性別與服從的研究作為例子。自五〇年代以來，就有許多研究指出女性較男性服從，教科書幾乎將此視為「事實」。Eagly 發現其實只有 22% 的研究發現女性較服從，而且其中大都是談論政治、經濟、空間等女性較少談論的課題，因此女性較不易堅持己見。其他研究者發現，就針線工作而言，男性會聽從女性的意見；至於搖滾明星，則男女服從別人意見相當。常識覺得女性較服從，因此研究者也喜歡引用此論點的研究，這些研究有理論效度的錯誤。他們所測的其實是對於刺激的熟悉程度，而不是服從程度。他們給錯變數的名稱，然後得到社會所能接受的結論 (Kirk & Miller, 1986)。

　　國內許春金與馬傳鎮 (1994) 有關「少年食用早餐與偏差行為之調查研究」中，研究者總計訪問了 2,396 名一般少年與 396 名犯罪少年。偏差行為是指包括逃學、吸毒、看黃色書刊等十八項行為。作者發現，少年吃早餐的習慣與內容，對少年偏差行為有相當的「預測」能力。作者並且對偏差行為與父母總收入、房屋坪數、母親教

育程度、母子關係與師生關係等作統計相關性分析。

　　於是我們看到了許多零星的「發現」與「解釋」。不在家中吃早餐與偏差行為在統計上顯著相關，鄉村少年早餐以米食為主，如少年未吃米食早餐，顯示生活較不規律，偏差行為自然較多，巧合的是該研究係政府單位委託與補助。房屋坪數在 41 坪以上、父母每月總收入在 10 萬元以上的少年偏差行為較多。這些脫離了脈絡的發現或解釋，究竟讓我們對於少年偏差行為有何更深的理解？這些統計相關，是獨立於研究者、且在研究之前就已經存在的客觀現實嗎？

　　如果我們再進一步讀取研究的內容，將會驚訝地發現：少年在家中若能得到「母」愛，「母親」如果盡可能在家做早餐，則少年偏差行為就不易產生；「母親」教育程度為研究所的少年偏差行為最多；「父親」如果沒有職業，兒女最容易有偏差行為。這個「發現」究竟傳達什麼有關性別的訊息？而研究者想提出什麼樣的建議以減少少年的偏差行為？在「價值中立」的面紗下，作者可能從未意識到性別的議題，但是卻不知不覺地參與了社會性別歧視的行列（引自畢恆達，1995）。

　　接著我們看看一項以 600 位已婚婦女為問卷調查樣本、有關「婚姻同質性與婚姻適應」的研究（林松齡，1997），作者在結論中指出：「夫妻年齡、教育的同質性不但沒有孕育見解上的共識，凡〔反〕而提供了競相辯解不同意見的適當環境……丈夫與妻子的相對社會經濟資源差距越大，妻子依順丈夫的可能性越大，對婚姻的滿意度也較大。……從妻子的觀點，丈夫有較高的年齡、較高的教育以及較高的經濟所得，表示丈夫個人價值的提升，因而可能得到妻子較多的尊重與仰慕。……『門當戶對』的擇偶理論，似乎難以解釋本研究的研究結果……而傳統中國社會……『夫唱婦隨』之文

化價值引導下的角色理論似乎較符合本研究的發現」（第 19–20
頁）。

　　研究者「發現」了研究之先就已經存在的社會現實嗎？還是研
究的結果無法脫離研究者的先前理解與研究方法的關係？作者對於
婚姻同質性與婚姻適應有興趣，但是又說樣本中大多數家庭年齡與
教育程度的同質性太高，而且價值共識、互賴程度與婚姻調適也都
很好，所以區辨力不強。接著研究者又把妻子年齡、教育程度、經
濟所得高於丈夫的樣本去掉。這樣的研究方法如何反映研究者原有
的興趣？研究者將研究發現當作事實呈現，然後提出表象層次的解
釋；忽略近年來女性主義的努力、忽略對於臺灣性別結構的分析，
結果只是再度加強社會性別的不平等關係。就應用層次而言，此研
究的涵意為何？如果社會期待的是婚姻調適良好、美滿，研究者難
道要建議「夫唱婦隨」？婚姻關係中的集體性別歧視該如何處理？

　　上述這些研究或許沒有違反研究倫理的準則，但是研究結果卻
可能對某一個族群（女性）造成歧視與傷害。如果研究者動用了社
會資源，接受女性研究對象的幫助，那麼研究者選擇適當的理論觀
點與詮釋，應該也是值得我們認真思考的事。

✏ 十一、代結語

　　依筆者過去在研究所教授質性研究方法的經驗，當講完研究者
的自我反省與研究倫理等議題之後，有些同學會覺得壓力很大，覺
得做研究好難，處處必須小心，思慮必須非常周全。我告訴他們，
如果你們學到如何對研究過程進行反省，反而不敢去做研究，深怕
什麼地方沒有考慮到，傷害了別人；可是都讓沒有反省能力的人做

研究，不是更可怕嗎？他們說沒錯，但是這個理由不知道可以支持他們多久。

　　事實上，談論研究者的自我反省與研究倫理，並沒有期待研究者要成為無私的聖人或是全知的智者。研究一定牽涉研究者個人的利益，例如，為了拿學分、拿學位、升等、賺取稿費、滿足好奇心、滿足助人的心理，這些利益並不需要迴避或對之感到內咎，重要的是研究者必須清楚自己的研究目的、研究對學術和社會的貢獻、研究者和研究對象的關係、研究方法和詮釋是否適當等，做一番仔細的考量。

　　當然談論研究倫理，若只期待研究者的自我反省與道德要求，絕對是不夠的，我們不能依賴研究者就一定有較高的道德感。因此每個專業還必須針對其專業特性，訂定適當的研究倫理準則以為規範，同時也成為初學者學習的依據。每個研究者都在一定的專業文化中社會化，如何改變專業文化也是重要課題。過去學術界由於在實證論的籠罩之下，研究者自我似乎不在科學討論範疇之內；如今詮釋學與質性研究日漸受到重視，我們應該多鼓勵甚至要求研究論文必須撰寫有關研究過程、研究者在研究中的角色、研究者對於研究倫理所做的考量，一方面成為學術界同儕相互討論與批評的基礎，一方面可以讓別人從中學習研究的設計、方法與經驗過程。同時學校有關研究方法的課程與教科書，也應該涵蓋研究倫理的部分，讓研究倫理的討論能夠成為學術討論不可或缺的內容。

　　如本文所述，研究倫理的準則比較多是對於個別研究者的規範，卻甚少對於整個學術專業結構性的權力關係進行反省。因為有能力運用學術倫理的是具有專業能力與資源的學術界同行，而不是被研究的社會底層；同樣地，權勢菁英的守門者又可以利用學術倫理的

　　要求來禁止研究者涉入他們所控制的領域，結果造成學術屈從的奴
隸姿態（朱元鴻，1997），這個現象恐怕更是討論研究倫理所不能迴
避的重要課題。

參考文獻

中文部分

丁雪茵、鄭伯壎、任金剛 (1996)，〈質性研究中研究者的角色與主觀性〉，《本土心理學研究》，第 6 期，頁 354–376。

朱元鴻 (1997)，〈背叛／洩密／出賣：論民族誌的冥界〉，《台灣社會研究季刊》，第 26 期，頁 29–65。

周樑楷 (1997)，〈密碼鎖得住隱私嗎？談台灣學術界的問卷調查〉，《當代》，第 124 期，頁 92–95。

林松齡 (1998)，〈婚姻同質性與婚姻適應〉，《國科會社會組專題計畫成果發表會論文集》，臺灣社會學社、中央研究院社會學研究所籌備處。

夏林清 (1993)，《由實務取向到社會實踐：有關台灣勞工生活的調查報告 (1987–1992)》，臺北：張老師文化。

殷鼎 (1990)，《理解的命運》，臺北：東大圖書公司。

畢恆達 (1995)，〈生活經驗研究的反省：詮釋學的觀點〉，《本土心理學研究》，第 4 期，頁 224–259。

許春金、馬傳鎮 (1994)，〈少年食用早餐習慣與偏差行為及價值觀關係之調查研究〉，《警政學報》，第 25 期，頁 237–274。

黃應貴 (1994)，〈從田野工作談人類學家與被研究者的關係〉，《山海文化雙月刊》，第 6 期，頁 18–26。

葉保強 (1987)，〈人體實驗的醫學倫理〉，《當代》，第 20 期，頁 38–45。

雷風恆 (1995)，〈天機不可洩漏!？臺灣的算命文化〉，《張老師月刊》，第 205 期，頁 80–87；第 206 期，頁 58–65；第 207 期，頁 67–73。

劉靜怡 (1997)，〈資訊科技與隱私權焦慮：誰有權塑造他的網路形象?〉，《當代》，第 124 期，頁 78–91。

蔣斌 (1994)，《反省式民族誌的學術史脈絡》，未發表手稿。

蔡敏玲 (1994)，《教育民族誌中研究者的角色》，未發表手稿。

謝世忠 (1987)，〈民族誌道德與人類學家的困境：台灣原住民運動研究的例子〉，《當代》，第 20 期，頁 20–30。

謝世忠 (1997)，〈完人、超人與護權：人類學的倫理迷思〉，《當代》，第 124 期，頁 96–105。

謝國雄 (1997)，〈田野的洗禮，學術的勞動〉，《純勞動：台灣勞動體制諸論》，頁 301–347，臺北：中央研究院社會學研究所籌備處。

謝慧娟 (1996)，《女性研究者在田野：田野研究中的性別意涵》，臺北：國立臺灣大學建築與城鄉研究所碩士論文。

嚴祥鸞 (1997)，〈訪談的倫理和政治：女性主義社會學者的自我反思〉，《婦女與兩性學刊》，第 8 期，頁 199–220。

英文部分

Altheide, D. L. & Johnson, J. M. (1997). "Ethnography and Justice," pp. 172–184, in G. Miller & R. Dingwall (eds.), *Context and Method in Qualitative Research*. Thousand Oaks, CA: Sage.

Bailey, C. A. (1996). *A Guide to Field Research*. Thousand Oaks, CA: Pine Forge Press.

Bell, D., Caplan, P. & Karim, W. J. (eds.) (1993). *Gendered Fields: Women, Men and Ethnography*. New York: Routledge.

Berg, D. N. & Smith, K. K. (eds.) (1985). *Exploratory Clinical Methods for Social Research*. Berverly Hills, CA: Sage.

Boelen, W. A. M. (1992). "Street Corner Society: Cornervelle Revisited," *Journal of Contemporary Ethnography*, 21 (1): 11–51.

Boruch, R. F. & Cecil, J. S. (1983). *Solutions to Ethical and Legal Problems in Social Research*. New York: Academic Press.

Bulmer, M. (ed.) (1982). *Social Research Ethics*. New York: Macmillan.

Cassell, J. (1980). "Ethical Principles for Conducting Fieldwork," *American Anthropologist*, 82: 28–41.

Denzin, N. (1968). "On the Ethics of Disguised Observation," *Social Problems*, 15: 502–506.

Diener, E. & Crandall, R. (1978). *Ethics in Social and Behavioral Research.* Chicago: The University of Chicago Press.

Eisner, E. W. & Peshkin, A. (eds.) (1990). "Part IV: Ethics," pp. 243–299, in *Qualitative Inquiry in Education: The Continuing Debate.* New York: Teachers College Press.

Ellis, C. (1995). "Emotional and Ethical Quagmires in Returning to the Field," *Journal of Contemporary Ethnography*, 24 (1): 68–98.

Emerson, R. M. (ed.) (1983). "Part IV: Ethical and Political Issues in Field Research," pp. 253–311, in *Contemporary Field Research: A Collection of Readings.* Prospect Heights, IL: Waveland Press.

Fetterman, D. M. (1989). "Walking Softly through the Wilderness: Ethics," pp. 120–140, in *Ethnography: Step by Step.* Newbury Park, CA: Sage.

Fonow, M. M. & Cook, J. A. (1991). "Back to the Future: A Look at the Second Wave of Feminist Epistemology and Methodology," pp. 1–15, in M. M. Fonow & J. A. Cook (eds.), *Beyond Methodology: Feminist Scholarship as Lived Research.* Bloomington: Indiana University Press.

Gadamer, H. (1989). *Truth and Method* (2nd ed.). New York: Crossroad.

Heidegger, M. (1962). *Being and Time.* New York: Harper & Row.

Homan, R. (1991). *The Ethics of Social Research.* London: Longman.

Humphreys, L. (1975). *Tearoom Trade: Impersonal Sex in Public Places.* New York: Alkine de Gruyter.

Hunt, J. C. (1989). *Psychoanalytic Aspects of Fieldwork.* Newbury Park, CA: Sage.

Kimmel, A. J. (1988). *Ethics and Values in Applied Social Research*. Newbury Park, CA: Sage.

Kirk, J. & Miller, M. L. (1986). *Reliability and Validity in Qualitative Research*. Beverly Hills, CA: Sage.

Kleinman, S. & Copp, M. A. (1993). *Emotions and Fieldwork*. Thousand Oaks, CA: Sage.

Klockars, C. B. & O'Connor, F. W. (eds.) (1979). *Deviance and Decency: The Ethics of Research with Human Subjects*. Beverly Hills, CA: Sage.

Lee, R. M. (1995). *Dangerous Fieldwork*. Thousand Oaks, CA: Sage.

Lewin, E. & Leap, W. L. (eds.) (1996). *Out in the Field: Reflections of Lesbian and Gay Anthropologists*. Urbana: University of Illinois Press.

Lincoln, Y. S. & Guba, E. G. (1989). "Ethics: The Failure of Positivist Science," *Review of Higher Education*, 12 (3): 221–240.

Lipson, J. G. (1994). "Ethical Issues in Ethnography," pp. 333–356, in J. M. Morse (ed.), *Critical Issues in Qualitative Research Methods*. Thousand Oaks, CA: Sage.

Malinowski, B. (1967). *A Diary in the Strict Sense of the Term*. New York: Harcourt, Brace, and World.

Milgram, S. (1963). "Behavioral Study of Obedience," *Journal of Abnormal and Social Psychology*, 67 (4): 371–378.

Mitchell, R. G., Jr. (1993). *Secrecy and Fieldwork*. Thousand Oaks, CA: Sage.

Oakley, A. (1981). "Interviewing Women: A Contradiction in Terms," pp. 30–61, in H. Roberts (ed.), *Doing Feminist Research*. London: Routledge.

Punch, M. (1986). *The Politics and Ethics of Fieldwork*. Newbury Park, CA: Sage.

Punch, M. (1994). "Politics and Ethics in Qualitative Research," pp. 83–97, in N. K. Denzin & Y. S. Lincoln (eds.), *Handbook of Qualitative Research*.

Thousand Oaks, CA: Sage.

Rabinow, P. (1977). *Reflections on Fieldwork in Morocco*. Berkeley: University of California Press.

Reinharz, S. (1984). *On Becoming a Social Scientist*. New Brunswick, NJ: Transaction.

Ribbens, J. (1989). "Interviewing: An 'Unnatural Situation'?" *Women's Studies International Forum*, 12 (6): 579–592.

Richardson, L. (1992). "Trash on the Corner: Ethics and Technography," *Journal of Contemporary Ethnograph*, 21 (1): 103–119.

Rynkiewich, M. A. & Spradley, J. (eds.) (1976). *Ethics and Anthropology: Dilemmas in Fieldwork*. New York: John Wiley.

Scarce, R. (1994). "Dirty Data and Investigative Methods: Some Lessons from Private Detective Work," *Journal of Contemporary Ethnography*, 23: 214–253.

Sieber, J. E. (1992). *Planning Ethically Responsible Research: A Guide for Students and Internal Review Boards*. Newbury Park, CA: Sage.

Smith, C. D. & Kornblum, W. (eds.) (1996). *In the Field: Readings on the Field Research Experience* (2nd ed.). Westport, CT: Praeger.

Van Maanen, J. (1985). *Tales of the Field: On Writing Ethnography*. Chicago: The University of Chicago Press.

Warren, C. A. B. (1988). *Gender Issues in Field Research*. Newbury Park, CA: Sage.

Wengle, J. L. (1988). *Ethnographers in the Field: The Psychology of Research*. Tuscaloosa: The University of Alabama Press.

Westin, A. F. (1967). *Privacy and Freedom*. New York: Atheneum.

Whyte, W. F. (1981). *Street Corner Society* (3rd ed.). Chicago: The University of Chicago Press.

Whyte, W. F. (1992). "In Defense of Street Corner Society," *Journal of Contemporary Ethnography*, 21 (1): 52–68.

Willis, J. & Okunade, A. A. (1997). *Reporting on Risks: The Practice and Ethics of Health and Safety Communication*. Westport, CT: Praeger.

Wolf, D. L. (ed.) (1996). *Feminist Dilemmas in Fieldwork*. Boulder, CO: Westview Press.

第三章
女性主義的倫理和政治

嚴祥鸞

- 學歷：美國亞歷桑那州立大學哲學（社會學）博士
- 現職：實踐大學社會工作學系教授
- 專長：研究方法、社會心理學、勞工政策和社會
  政策、性別和族群研究、社會工作倫理

　　性別不但是我們自我的核心，還是社會生活的關鍵。性別、年
齡、族群及階級都是社會結構的基礎，鑲嵌在社會文化的性別分工、
族群分工及階級分工，便是社會建構的性別歧視、族群歧視及階級
歧視。這些充滿社會建構的性別階層化、族群階層化正好反映社會
權力關係。晚近的社會研究，特別是女性主義的研究者，在研究過
程感受知識、權力和性別的相互連結關係 (interconnections) 指出，
傳統主流知識的實證主義影響形塑不同形式的權力不平等關係，傳
統主流的知識不但不能解決社會不同形式的不平等權力關係，反而
透過倫理的制約，強化社會不平等的權力關係 (Harding, 1986;
Cancian, 1992; Humphries, 1997)。

　　以勞工研究和企業管理研究為例，只要提到勞工研究，不論資
本家、白領工作者、藍領工作者，甚至研究者都感到「不安」（雖然
每個人的不安意義都不同，但不安意謂著危險）。相反地，如果提及
企業管理研究，不但資本家樂於資助研究，研究者非常愉悅，不論
白領或藍領的受僱工作者似乎也無任何「不安」，甚至認為理所當
然。這些現象正好反映社會不平等的權力關係，政府、資本家和工
業一直被視為權力核心，權力的核心不可觸動，因此許多相關議題
被列為國家機密和組織倫理，條列許多不能談和不能研究的倫理規
範，諸如，不能揭發資本家的剝削行為，卻可以討伐勞工的罷工行
動。這種支持資本家就沒錯、支持勞工就錯的傳統研究倫理再次反
映和凸顯社會階級不平等的權力關係。事實上，這種研究倫理已違
反倫理概念係為促進人和社會的良好生活所訂定的價值標準。此種
倫理不但無法促進人和社會良好生活和設定人的價值標準，相反地，
這些規範目的在保守祕密、維護權力，不斷建構人和社會的不平等
權力關係。

從六〇年代末期到七〇年代初期，女性主義者為了挑戰傳統實證研究方法不斷建構、再建構社會不平等權力關係，主張急需不同於傳統方法的另類女性主義研究方法 (Smith, 1979)。到了八〇年代，認識論 (epistemology) 和方法論 (methodology) 是熱門的議題，許多女性主義者提出另類的方法論 (Nebraska Sociological Feminist Collective, 1988; Fonow & Cook, 1991; Reinharz, 1992)。倡導另類研究的女性主義者和其他學派的主要論點：社會研究者多數是中上階級的白人男性，而他們多和管理階層、行政官僚和政府部門有很好的網絡關係，雖然他們的概念和結果多代表這些菁英的視野，但是傳統實證的「客觀無價值」研究使他們（社會研究者）可以盡情陳述、表達、傳遞他們自己的觀點，卻宣稱此乃普同原則和真理，甚至嘲弄貶低政治意識鮮明團體為偏見和不客觀 (Cancian, 1992: 625)。

社會實證研究者不僅將價值和自己分開，同時還嚴格控制他們的被研究者，要他們和自己的價值分開。因此，所謂的複雜量化資料的知識製造和抽象理論，只有專家和權力核心才可以取得；非專家的個人經驗和日常知識則被看輕，專家甚至會嘲貶非專家為無法了解和掌控他們自己生活的人。不同於傳統實證研究，女性主義研究即為挑戰和改變既存的權力不平等關係進而促使女性和弱勢團體的充權 (Cancian, 1992; Finch, 1993)。

由於社會研究的本質就是關懷社會和弱勢族群，研究者和研究的對象應站在同一邊，是對研究對象情感和知識的承諾。同時，嚴肅支持研究對象的經驗、承諾和情感，本質就是政治化的。傳統研究的道德和倫理無法解決道德和政治的矛盾，女性主義只有採另類的道德和倫理來解決道德和政治的矛盾（Finch, 1993；嚴祥鸞，

1997)。傳統研究倫理界定一般行為的倫理道德、規則和標準，適用於個人，也適用於專業。只是，女性主義者呼籲，在既存的父權社會結構的知識訓練，這些一般性的倫理道德只會複製和延續女性被壓迫的現象。女性主義者指出，鮮少人注意不斷製造理論、方法和實質議題的父權倫理規範，正是社會繼續迫害女性和研究、工作和社會結構衝突的來源。

　　猶如其他政治運動，女性主義也是種政治反映 (reflection) 和行動。女性主義旨在了解社會真實的性別關係，祛除長期被導引的父權（男性文化）的思考模式，女性主義視終止性別壓迫和不公平行動不是娛樂而是必要的道德行為 (Frazer et al., 1992)。因此，女性主義者認為，女性主義就是女性主義倫理的實踐（feminist ethics 等同於 feminism）(Frazer, et al., 1992: 3)。本質上，倫理應該源自多數人的經驗。然而，現實父權社會體制的倫理係根據少數男性的建構經驗（晚近，批評所謂男性係指極少數特定的白人男性）。例如父權的婚姻結果導致女性的依賴和服從等道德哲學，女性非但沒受到禮遇和尊重，卻被批評為不獨立、膽小等。女性主義倫理的產生旨在拒絕容忍父權體制普遍存在的性別政治生態製造的傲慢無理、冷漠以及敵視侵害的壓迫。

　　於是七〇年代末八〇年代初，女性主義倫理工作者雖可分為兩派：一派注重當代倫理議題，一派著重批評傳統倫理理論，但卻一同給女性主義倫理定名 (Card, 1991)。不但女性主義的哲學家積極討論女性主義倫理的理論和實踐兩個層次 (Jaggar, 1991)，而且，社會研究的女性主義學者，諸如社會學、心理學、教育、神學乃至商學都投入女性主義倫理的意義和應用的辯論。儘管學科領域不同，然而女性主義倫理特別關心的道德問題卻是一致的，諸如：

1. 如何以女性主義的方式解決個人和社會的道德衝突？

2. 傳統規範女性的同情心、養育、照顧關心和感性的道德特質在倫理的位置是什麼？

3. 人類關係的倫理流派是什麼？

4. 女性主義的原則如何在工作場所、課堂以及世界存活 (Cole & Coultrap-McQuin, 1992: 1)？

　　女性主義倫理關心的議題不只在理論層次，同時存在實踐和行動。不論是草根性或學術界的女性主義者將墮胎、公平工作機會、家務勞動等議題轉換成應用 (applied) 倫理議題。晚近女性主義者更將色情、生產科技 (reproductive technology)、代理孕母 (surrogate motherhood)、環境以及第三世界婦女地位，都納入在女性主義倫理議題。

　　自 1980 年以來，西方社會的學術社群對於女性主義倫理的討論不但持續不斷，而且非常熱烈。以英國在電子網路出版的社會研究線上期刊 (*Sociological Research Online*) 為例，在 1997 年就有多篇相關討論，例如 B. Humphries' From Critical Thought to Emancipatory Action: Contradictory Research Goals?, D. Millen's Some Methodological and Epistemological Issues Raised by Doing Feminist Research on Non-Feminist Women, and N. Puwar's Reflections on Interviewing Women MPs。反觀臺灣的學術社群，1997 年的中國社會學年會有關倫理議題係針對學術社群的同儕審查有些討論（孫中興，1997；傅大為，1997；錢永祥，1997），針對研究倫理相關的討論較少（朱元鴻，1997；嚴祥鸞，1997），其中，從女性主義觀點討論倫理的論文只有一篇:〈訪談的倫理和政治──女性主義社會學者的自我反思〉（嚴祥鸞，1997）。

　　由於研究者，特別是女性主義研究者（女性才可以宣稱為女性主義者，男性只可以稱為支持女性主義者 "pro-feminist"，詳見 Card, 1991: 5）在研究、教學過程中，觸及的是權力關係，不論在研究場域、教學課堂，乃至工作的校園或是生活的世界，都會面臨或遭遇倫理的衝突和性別政治的困境。換言之，女性主義者的論述或研究旨在批判權力的不平等 (power imbalances)、權力關係的不公正，是對傳統倫理的一種質疑。同時，女性主義者堅持不但改變是可能的，而且改變是可以發生的，因為存在的迫害情形是男性建構的，可以人為的方式解決，這樣的要求是種政治的批判。倫理和政治兩者常常糾結在一起很難區分，既是倫理也是政治，例如，Card (1991: 5) 引用 Kate Millett 的「性別政治」為「利用和濫用權力」(the uses and abuses the power)，性別政治即指所有性別權力關係的規範。

　　本章的目的在釐清什麼是女性主義的倫理？由於女性主義的論述、研究或實踐一定會衝撞現行的體制和權力核心，討論實質包含倫理和政治兩者，儘管標題、用詞只用倫理，但內容包括政治，所以定名為女性主義的倫理和政治。事實上，Card (1991: 14) 也揭示，女性主義的倫理就是女性主義的政治 (feminist politics)。首先，討論傳統倫理到女性主義倫理的衍生，其中包括傳統倫理的流派以及女性主義對傳統倫理的批評。其次，從性別在社會生活和社會研究的位置，討論女性的倫理 (feminine ethics)，女性如何深陷在女性倫理的蜘蛛網中，以及在生活世界和研究場域遭遇的困境。最後，討論什麼是女性主義的倫理意涵？女性主義如何從女性倫理掙脫？以及女性主義如何回應性別政治？

一、傳統（主流或男性）倫理：客觀、抽象、理性的迷思

由於倫理規範源自特定人類社區的經驗，隨著時空改變，此特定社區或特定群體隨著發展過程建構再建構他們的生活方式，倫理規範也隨著改變。從最早封建制度的瓦解，亞里斯多德的階層化普同模式，宰制和服從是人類關係的自然法則，都開始受到質疑。迄至工業化、法國大革命、馬克思主義，使工人階級挑戰了資產階級的倫理、模式和權力關係。直到七〇年代，女性主義因婦女運動開始質疑性別服從規範，進而形塑目前的女性主義倫理。由此可知，倫理是建構的，而非自然生成的，即令是主流或男性倫理也有不同流派，也有不同的爭辯。

根據 Sherwin (1993)，道義主義 (dcontological cthics)、結果主義 (consequentialism) 和社會契約主義 (social contract theory) 是傳統倫理三種特殊的論述。對照這三種傳統倫理的論點，Sherwin 分析和批判它們和女性主義議題論點的不同 (1993: 4–9)。

(一)道義主義

以 Kant 為首的道義主義相信,倫理是道德責任規定或禁止行動的關鍵決定準則。這些行動是對或錯，則因個人道德法令或準則規範的要求或禁止，與個人的特殊利益無關。Kant 主張「對的行動」(right-making characteristic of an action) 係根據自然原則的邏輯，道德責任經純抽象理性，沒有人為的推理過程，即使道德的評估沒有特別代理或團體情境的影響，道德的結論也是經過抽離現實情境推

理的結果 (Sherwin, 1993)。Kant 的道義倫理觀點隱涵一些行動是道德所規範的，卻忽視對人類是福是禍的結果或影響。相對於 Kant 的道義主義，Ross 倡導的道義主義對於結果比較敏銳，卻仍然拒絕正視許多情況是決定性的相關 (Sherwin, 1993)。Sherwin (1993) 也批評，道義主義雖也認同特殊義務源自特殊關係，卻鮮少深入討論這些責任的力量和範圍，多數著重一般法則的討論。

　　側重一般法則，不討論特殊義務或責任，已造成形塑道德生活對性別偏見的兩種意識型態。第一，理論強調一般性，非個人的，個人證明的特殊義務責任不重要；第二，一般的，而非特別的義務是人類道德生活常常經驗的。女性的道德生活經驗充滿個人義務的瑣碎，這些關心是不被列入倫理規範 (Calhoun, 1988)。

　　針對道義主義的理性解決責任衝突，Sherwin 批判，道義主義根本沒有興趣關心女性主義所關懷服從團體的迫害實踐影響。由於女性主義在道義主義找不到可以著力之處，討論她們要改變宰制形式的傷害，所以根本無法適用道義主義倫理 (Sherwin, 1993: 6)。此外，Kant 的道義主義假設只有男性是合格的道德代理人，女性、小孩和白痴在道德決策時，不能或不願意跳脫個人感性，是不合格的，女性是較差的道德代理人。Sherwin 指出，不但女性不能接受 Kant 的論點，而且袪除感性角色已使理論本身變成不適當 (1993: 6)。至今性別不同和性別不平等被劃上等號，不但是實證主義傳統倫理和現實生活的最好寫照和反映，而且成為性別平等的障礙。例如，理性是科學客觀，屬於男性特質；感性是不科學主觀，屬於女性的，刻板印象源自於此。

㈡結果主義

　　不同於 Kant 的道義主義,結果主義者相信行動的道德價值取決於行動的結果。結果主義者相信人會比較不同方式的結果,認定結果達到最大利益的行動是對的行動。例如,功利主義即以行動結果給予人最大快樂或幸福衡量和評估結果。對於功利主義的結果主義,Sherwin (1993: 7-8) 批評,結果主義不像道義主義著重抽象的推理。相反地,結果主義焦點在具體經驗,相信人的特別感覺和態度,以及其影響是行動的道德標準。

　　然而,Sherwin 認為,實質上結果主義一如道義主義的倫理,仍然強調抽象形式的推理,最後結果的對、錯仍以呈現的快樂和痛苦評估,忽視是誰的快樂或誰的痛苦。如同道義主義,結果主義所論及的行動代理者只是部分的人,並非全部,而且感情生活的細節和特殊人物的影響,除非這些和結果相關的論點都與道德無關,否則會令許多人不但心理不能接受,而且道德上是厭惡的。Sherwin (1993) 同時指出,本質上沒有區別人的宰制/服從關係,所有人的道德是利益的交換,拒絕正視個人階層化宰制關係的位置是女性主義倫理所反對的。女性主義倫理訴求,強調倫理的建構要明白著重個人在社會和政治脈絡情境,而非空中樓閣。

㈢契約主義

　　契約主義（又稱社會契約主義）是第三種傳統倫理。由於契約主義結合道義和結果主義兩者論述的本質,不但是現代美國普遍被接受的道德哲學,而且兼具女性主義主張道德的評斷應清楚的討論社會脈絡。惟,契約主義者的社會脈絡屬於人造的,此不同於女性

主義對人性的基本假設。例如，多數契約者相信人是獨立和自我利益的，追求道德旨在讓相互競爭的個人達到合作。契約主義者將此種假設性同意視為不同自我利益個人經過理性協商的邏輯結果，是一種社會契約。社會契約假設人都了解互相利益來自個人侵略，每個人都會對不道德行為採取自我約束。如果沒有這項契約，猶如 Thomas Hobbes 形容人類的社會關係會是侵略和充滿武力。對於社會契約主義，道德行為約束減低社會生活危險的理性選擇。

像 Kant 一般的道義主義者，多數契約主義者提議，所有人都有顯著道德能力決定契約，人性道德則限於理性、自主及自我利益的抽象形式。同樣地，契約主義者也贊同，道德角色扮演是為解決人性的欲望。因此，契約主義者的理想道德是由平等、理性、自主和獨立人組成。然而，社會契約者不但忽略人的道德標準並沒達到理想的標準，而且沒有深入調查存乎不平等權力關係人之間的道德關係。如果注意契約者之間生活的細瑣，例如，家庭生活、階層化的權力關係、特殊技能或殘障，只會發現妥協，並不能增加社會契約的正當性 (the legitimacy of the contract)。

Sherwin (1993: 9) 指出，「契約主義」者寧可躲在漠視的面紗下 (veil of ignorance) 而不糾正，致使整個結構仍然持續維持壓迫的實踐 (oppressive practice)。雖然，有契約主義者，如 Gauthier (1986)，支持契約者揭示他們自己的細瑣，卻沒有解決既存權力關係所訂定的公平、正義（即不公平、不正義）(Sherwin, 1993: 9)。Sherwin 進一步指出，多數契約者拒絕區辨人與人的不同，視性別和種族為眼睛的顏色而已，不願正視現實社會的壓迫關係。因此，女性主義指出，沒有一種社會契約理論給予女性主義所關心的政治關懷適切的關切。

　　道德理論都非常抽象，多數人發現這些被告知的道德理論，與實際生活不符。這是為什麼主張個別生活也是女性主義者或批判學者常陷在研究和生活實踐道德準則的泥沼，衍生另類倫理準則的關鍵。換言之，女性主義者在研究中發現，傳統的倫理準則反映父權政治的權力關係，不但無法解釋女性經驗，無法解決女性在父權的弱勢地位，而且再次複製父權的不平等權力關係。以筆者本人在實地場域探討性別歧視議題的研究為例，不論男性或女性都認為女性沒有事業心，以「家」為重心，女性薪資較男性低，係因女性不是「養家」的（嚴祥鸞，1997）。如果根據傳統倫理，家是女性在社會的位置，男性則在公領域，要養家，性別歧視不但視而不見、存而不察，而且不是議題。因為實證研究強調，抽象和非個人的，脫離社會實踐和生活,罔顧社會關係和社會實踐是社會研究的實質內涵。

　　實質上，多數女性主義者發現，傳統道德倫理是疏離脫節的，不能充分解釋她們的經驗，而 Kathryn Morgan (1987) 稱此現象為瘋狂道德行為 (moral madness)（引自 Sherwin, 1993）。針對此瘋狂道德行為，女性主義的批判，主要包括兩大陣營：一為女性的倫理；一為女性主義的倫理 (Sherwin, 1993: 9)。女性的倫理包含觀察傳統道德倫理無法適切反映女性的道德經驗和機構，以及建議如何修止倫理適合女性的價值；女性主義的倫理則包括明確政治視角的應用和如何修正影響女性宰制和壓迫的倫理建議。

二、女性的倫理：反映社會的性別弱勢偏見現象

　　不論是女性的倫理或女性主義的衍生和發展，都受到目前既存

傳統倫理普遍存在的反女性偏見 (anti-women bias) 的激發。女性主義者回顧主流道德論者的著作，揭發儘管這些道德倫理理論者宣稱他們的理論是客觀公正的，多數理論卻明示地反映和支持性別偏見，而且呈現的方式經常是明顯厭惡女人的價值。這些性別偏見理論正好再次反映社會生活和社會研究的性別偏見，相對地，性別在研究場域猶如在現實的每天生活，都會遭遇到困境。

㈠女性倫理：「男主外，女主內」vs. 「事業與家庭兼顧的女性」

亞里斯多德認為，（自由）男性和（自由）女性的價值系統是不同的；男性的價值系統為自由和政治生活，女性的則是服從和噤聲（安靜），此種充滿性別偏見和不平等，卻被宣稱為無性別，發乎天生自然的倫理哲學，主導西方文明發展，更成為現代東西文明的宰制機制。不僅西方文明如此，東方文明亦是此種性別偏見的父權宰制，例如，「男尊女卑」、「男主外，女主內」、「女子無才便是德」、「三從四德」都是持續不斷複製、再複製，鑲嵌、滲透在社會生活中，不但男性，女性也存而不察，視為當然。

這樣的例子在臺灣社會處處可見，例如，《天下雜誌》的封面故事曾以〈不一樣的女人〉為題，其中一段的文字如下：

> 「突然之間，不知道是從哪裡來的勇氣或豪氣，有一群不一樣的女人，出現在臺灣的每個領域或職場。不論穿著迷你裙或長褲，化著重妝或清湯掛麵，站在幕前或躲在幕後，在傳統女性的隊伍裡面，這些堅持要有不一樣的人生，勇於承擔不一樣的生命抉擇，甚至敢用不一樣的方式

處世的女人，開始使用一種以往看不見的篤定，形成一個
令傳統『第一性』錯愕的新隊伍，公然穿過以往以男性為
主的職場與舞臺，挑戰以往以男性為主的價值觀。」

（《天下雜誌》，1998, 202: 92）

這一段文字彷彿述說女性已經突破傳統的窠臼，的確不一樣了？
只是，我們對照下列幾段文字，不難發現，女性在社會的位置並沒
有改變，女性的倫理仍然是反映她們在社會位置的道德準則，這些
不一樣的女人正在挑戰目前仍然是父權體制（並非已成過去式）的
價值觀。

北市警界高層異動，女性出任分局長『取決能力』，
謝芬芬、廖美鈴認為性別不重要，部分基層男警覺得『怪
怪的』。」

（《自由時報》，1998 年 2 月 10 日）

女性將全面占領法院？女性司法官越來越多，對司
法風氣和審判品質會帶來什麼影響？」

（陳鍵人，1998, 5: 58）

不管封面故事〈不一樣的女人〉的文字敘述，或女性出任分局
長或女性司法官的敘述，都出現「女性有女性的特質，如普遍上會
較男性細心」。甚至，封面故事還轉引管理大師彼得‧杜拉克 (Peter
Drucker) 的話：「女性纖細、關懷和耐力的管理方式，對於傳統機械
式的組織管理，有正面衝擊的效應」，更將此歸之於「時代的轉變，
恰好符合女性的特質」（《天下雜誌》，1998, 202: 93）。

「細心」被建構成為女性的特質，更被建構成照顧、養育的女

性道德倫理，例如，報紙在家庭版以〈我的媽媽是懶女人〉為標題，透過媒體的建構，再次呈現女性的倫理。報導以引述一位小學生對母親的日記側寫開始，「我的媽媽每天只會發號施令，指使菲傭做很多事，逼迫我做功課，自己卻總是坐在沙發上看電視、打電話、跟朋友聊天……」（《中國時報》，1997 年 11 月 27 日）。值得探究的是，記者是位女性，當她引述這位小學生的日記，先是批判小學生對自己母親絲毫沒有感恩之情，接著卻又批判母親未盡照顧的責任，例如，「過去，我們對母親的印象是那個每天操持家務，任勞任怨，侍奉公婆、先生……把孩子拉拔長大的偉大女性。但，自從家有菲傭後，這些『勞苦功高』的工作，全部落在花錢請來的女人身上，女主人只要動動口，吆喝一聲就變成了茶來伸手、飯來張口的『懶女人』，看在孩子的眼裡，自然是最壞的身教。」

　　記者在報導過程已經預設立場，女性（媽媽）應該負起養育、照顧責任，小學生在這樣的社會過程怎能不批判自己的母親為「懶女人」？整個社會的價值仍將養育照顧界定為女性的責任，親子關係好壞的關鍵者，成為女性的倫理道德準則。在社會上只可能有「懶女人」名詞的存在，「懶男人」卻不可能出現和存在，誠如 Morgan (1987) 批評，傳統的倫理非但不能適切反映女性道德經驗，這樣的倫理準則不但拒絕女性有道德推理的能力，而且將道德二分為公、私領域，限定女性於私領域，是無法形成道德思潮的（引自 Sherwin, 1993）。

　　事實上，傳統倫理界定女性的倫理是相互衝突和矛盾的。例如，女性被限定於私領域，無法形成道德思潮，成為倫理道德準則。然而，《商業周刊》的〈女性將全面占領法院?〉提及，許多法官審理案件不看卷，女性法官再忙也會看卷，因為她們「責任感、是非觀

念比男性強」、「女法官的操守也比較好」、「女法官對於升遷不很重視，無欲則剛嘛!」反而凸顯被限定在私領域的女性其在公領域道德倫理較男性強，私領域的個人經驗是否能成為道德倫理的準則和公／私領域或界分的矛盾道德倫理準則，再次受到質疑。

惟，長期在父權體制的建構下，女性的倫理仍然受到傳統男性倫理的制約，女性仍以家為中心，成功的女性應是職業和家庭兼顧的，不但男性認為，女性自己也認為「……畢竟一個現代女性即使事業再有成就，但若家庭弄不好，還不能算是成功的女性」(陳鍵人，1998, 536: 60)。所以，一個事業有成的女性卻沒有結婚是遺憾、是不符合社會道德規範的，成功的男性是否也要求事業與家庭兼顧?

(二)女性倫理: 結婚、生育是女性的責任

同樣地，女性即使結婚，沒有生育，也是不符合道德倫理的，因為女性的倫理包括傳宗接代。代埋孕母再度興起（過去即有借腹生子，以私人契約為之，晚近則是公然要求立法合法化），便是女性倫理的強化，再次將生育丟回女性。因此，我們看到走上街頭爭取者多是不孕的女性，而非不孕的男性。不孕的女性在爭取代埋孕母合法化時宣稱訴求為「人道立場」，幫助不孕者（或者說拯救自己），也幫助孕母賺錢。更重要的是這位倡導的女性說:「我覺得很感動，人性的美好被這兩位互助的女人發揮到極致。」(《自由時報》，1997年 12 月 22 日)。父權訂定的倫理再次發揮作用，不孕不但是女性的責任，而且女性會自動履行義務，即使不能生，也要借另一個女人的子宮。

傳統傳宗接代生育為女性的倫理，由女性執行達成，不但沒有

違反傳統倫理，反而維繫傳統。相對地，墮胎，特別是未經家長或先生同意的墮胎是不合法的、不道德的。針對此論點，Catharine A. MacKinnon (1992) 反駁，任何成年女性都有能力決定自己的生死權，諸如避孕、生育、墮胎、照顧和死亡，不需他人（男人）替她們決定。現行體制沒有批判懷孕的另一位合作製造者的男性，卻將墮胎的道德倫理歸之於女性是沒有人性的。鮮少人在乎女性自己的經驗，反墮胎者視其為謀殺的道德議題，卻沒有討論懷孕女性的正義問題，例如強暴導致懷孕，更忽略女性身體自主權和健康的道德議題。相反的，男性的婦產科醫生不但將未成年少女性行為氾濫衍生的墮胎歸咎於非專家的女性主義社會運動者，聲稱他們才是專家，「……官方也拼命地找這些激進的女性主義者到校演講，不聽專家的意見，只聽社會運動者的意見……」（《中國時報》，1997 年 12 月 29 日）。

其中，江漢聲更主張「性教育應該搭配適當的道德教育。」什麼樣的道德教育才是適當的道德教育？目前我們採行的是一夫一妻制，實際上，卻有人一夫多妻，此是否為適當的道德教育？何以沒有人大聲討伐，此乃「傷風敗俗」不道德的行為？實質上，教育部推行的兩性教育本質是性教育，而非兩性平權教育，如此「本末倒置」的父權邏輯，不但沒法解決社會性別不平等的問題，反而使問題越惡化，這樣的責任應由性教育專家的他們肩負才是，不應推給女性主義者。

傳統倫理將女性限制在私領域的「家」中，「男主外，女主內」成為社會生活倫理，也成為工作倫理。當工業化後，女性又因資本家需要廉價勞力，被推擠到公領域的底層或式微的產業、職業，諸如工廠的女工（作業員）、白領底層的事務員等。女性就業之前，與雇主簽定結婚就離職的「單身條款」，或生育就離職的「禁孕條款」，

根本就是女性倫理的形塑結果和強化女性倫理的政策。此外，工作職場的性騷擾也是社會生活性別歧視的例證。

㈢女性倫理：女性是性的主體

在日常生活和工作場所，常有似是而非的性騷擾迷思，例如，「摸一下有什麼關係？」「說黃色笑話有什麼值得大驚小怪的？」「怎麼會是她？又不漂亮！」這些迷思再次呈現女性在父權體制不過是性的主體，實際上，女性視性騷擾為生活和工作最大的困擾，以下是兩個摘自 Houston (1992: 56) 對性騷擾形成的描述事例：

事例一：當我在公共場所討論我的工作，一個教授打斷我，問我是否全身長滿雀斑？

事例二：當我正說到一半，教授打斷我，並告訴我，我的毛衣足夠我們（她和教授）兩個人穿！

從 Houston (1992) 的研究發現，多數男性對性騷擾行為的回答有四個：⑴消除無聊；⑵增加你和同儕聊天的青春活力；⑶女性喜歡如此，她們感到很愉快；⑷很有趣，又不傷任何人。這些回答再次反映現實社會完全以男性為中心出發制定女性的倫理規範，他們假設她們的喜好，在這些假設下，合理化他們的行動和倫理，所以性騷擾沒什麼不對。

性騷擾的形式很多，多屬權力關係，例如上司對部屬。上述的事例不但發生在西方校園師生之間，臺灣的校園也不例外。性騷擾在工作場所也層出不窮，上司利用職權要女部屬一起向客戶拜年、餐敘，還以業務需要帶她到 MTV 觀看錄影帶，甚至對她毛手毛腳

（《中國時報》，1998 年 2 月 13 日），正是權力關係的性騷擾（也可稱性別政治）。

㈣女性倫理：研究場域的性別政治

日常生活的女性倫理反映根深蒂固的性別歧視，同時也反映在社會研究的研究場域。筆者曾進行一項科學園區「性別和科技」的專題計畫，發現「當然囉，我們有生產線（所以女性員工比例高）！」一個活生生的例證是，不只是科技官僚、資方，即使工作者（包括女性工作者）都將女性和女作業員或事務員劃上等號。女性的性別偏見呈現在工作場域，也解開社會研究性別中立的面紗。

因為生物性別和社會文化性別是密不可分的，研究者在實地場域受到的對待，因研究者的性別而異，更受研究場域的文化影響。未婚男性的人類學者在研究場域碰到的困境遠比未婚女性的人類學者要少，例如 Whitehead (1986) 指出，未婚男性被視為成年男性在性行為應是積極的，女性則不然（引自 Warren, 1988）。同時，未婚沒有小孩的成年女性（除非是年長女性）學者在多數的文化中沒有完全合法的社會位置。以 Golde (1986) 進入墨西哥的 Nahua Indian 研究為例，她的一段告白：

> 我已屆適婚年齡，但未婚的身分是我在研究場域的最大問題，我沒有家人的支持，未婚又獨自旅行，不是個處女會做的事。他們不解，像我這樣的容貌者卻依然單身？既為單身女性就不應該喝酒、抽菸、夜晚外出、無事拜訪（指在研究場域作訪問）、談論性、懷孕、娛樂以及男性，或問太多問題。（引自 Warren, 1988: 14）

從 Golde 的告白，我們不難發現，女性，特別是未婚女性研究者受限於女性倫理的制約和在研究場域碰到的限制較大，此點可以解釋為什麼女性研究者的主題多側重在女性議題，諸如家務領域、養兒育女、健康和營養等。同時，此也可以解釋女性研究來自女性的生活經驗、女性的社會位置。更重要的是，社會的性別區隔現象很嚴重，使得女性的角色和行為活動被限定和被禁止，女性被迫選擇女性議題。Warren (1988: 16) 引述 Niara Sudarkasa 的 Yoruba 研究，便可以驗證。

> 我從未期望可以進入，也從未看見城裡男性的一些活動，更從未看過任何女性被禁止參與的祭典活動。當我訪視時，我只和女人坐在一起，從未進入男性的位置，和他們坐在一起喝酒或聊天。

從 Sudarkasa 的敘述，我們再次清楚看見男性／女性研究者的性別界線非常明顯。然而，事實上不是所有女性都可以自由進入女性的世界研究女性的議題，也不是所有男性都可以進入男性的世界。Gonzalez (1986) 的研究指出，已婚有孩子的關島女性，和未婚沒有小孩的女性討論懷孕或生育是沒禮貌的和尷尬的。雖然，年輕的 Dona Davis (1986) 可以自由地和 Newfoundland 中年婦女談性行為和生育。但是，當她訪問她們的男性配偶相關的議題時，不僅使她的受訪者驚愕而且她自己沒法接近議題（引自 Warren, 1988: 17）。

不僅女性研究者會遭遇此類困境，男性研究者亦會遭遇困境。例如，Ernestine Friedl 在她的希臘村落研究中發現，希臘村落的男性定義為喜歡開黃腔、吹噓性能力的，由於她的先生是教授，過於溫文儒雅，並不符合希臘男性的定義，在研究場域一樣不被希臘男

性信賴，一如她的性別沒法得到他們的信賴一樣，成為資料訊息取得的障礙（引自 Warren, 1988: 17）。此項發現正好說明研究者的身分可以協助或加強受訪者投入的原則 (Reinharz, 1992)，不但是研究者的身分或被研究者的身分，諸如性別、權力、階級或者公民等都會影響研究進行、分析、呈現和撰寫報告的過程。換言之，研究者的研究屬上層研究或底層研究所遭遇的問題是不同的。

㈤實例：研究者的性別／階級 vs. 被研究者的性別／階級

　　西方研究者發現如此，臺灣也不例外。我自己在科學園區的研究經驗，不但點出性別在科技產業的不協調，而且在同樣都是女性受訪者的作業員之間階級也是不協調。以下分述幾個實例：

1.上層研究：女性研究者 vs. 男性／女性科技專家

　　科學是理性的、男性的，女性不適合在科技場域，即使是女性研究者也不恰當在科技工作職場。儘管是女性研究者的計畫，受訪者為男性科技專家，在訪談過程中，男性科技專家多以「專家」，主動發問，試探妳對「科技」的認識，直到他們覺得「妳的回答令他們滿意」，我們的訪談才能進入比較對等的對話。如果受訪者為女性科技專家，雖然她們一開始也喜歡扮演訪談者，但是可以在較短時間內進入對話。當我們談到工作場所的性別不平等議題，男性科技專家多會強調，工作是沒有性別的，都是個人選擇的結果。女性科技專家一開始也有男性科技專家的反應，一旦深入對話，尤其透過經驗分享，女性科技專家比較能夠坦然面對問題。男性科技專家仍會將此歸因為「傳統的性別分工」。

　　換言之，訪問者的性別和社會地位會反映社會的性別和階級權

力關係，受訪者的性別和社會地位也會反映社會權力關係。例如，除了性別研究，在研究過程中，菁英研究也會呈現不同型式的社會權力關係，上述我在科學園區的研究經驗就是一個例子。

　　此外，Puwar (1997) 訪問女性國會議員也指出，整個研究過程是研究者和被研究者微觀政治關係的分析。女性國會議員研究和 Oakley (1981) 的性別研究，描述女性受訪者都是溫馨、友善、基於姐妹情誼般交談經驗不完全吻合，卻和 Ball (1994) 國會議員研究，描述訪問國會議員猶如一場鬥爭角力 (events of struggle)，一場非常複雜的宰制／抗拒和混亂／自由的相互競合 (interplay) 有許多類似。根據 Puwar (1997: 3) 的研究訪問經驗敘述：

> 在訪問國會議員時，我的期望相當兩極化而複雜，反映出我的認知，她們（女性國會議員）既是菁英，又是女性。從菁英研究的相關文獻，我能窺其一二。我擔心我是否會面臨菁英研究的困難，只是，我要訪問的是女性國會議員，不只是國會議員。我可能可以有個像 Ann Oakley (1981) 描述的溫馨、友善、姐妹情誼訊息交談的訪問情境，也可能遭遇到困難。事實上，訪問結果是兩種情形都有。有時，訪問進行得非常友善，受訪者似乎也很能了解和接受；有時，訪問進行得非常匆促、冷漠，甚至有幾次非常具敵意。

　　上述兩個上層研究實例，呈現女性研究者如何面對不同空間、談話、進入以及充權的研究過程。女性和女性的互動除了性別外，仍要考慮階級。一樣地，女性和男性的互動關係，除了性別外，仍有階級的因素。

2.底層研究: 女性研究者 vs. 男性／女性作業員

當女性研究者進入科技職場的生產線，女性作業員和男性作業員對女性研究者也保持相當的距離。訪談時他們多處被動，不會想知道我對「科技」的認識，當討論性別歧視議題，多數時候是緘默。因此，我常常以「自我表白」(self-disclosure) 方式，通常以我個人的生活經驗開始。例如，在我和女性作業員的一次焦點訪談中，我們的議題為家務的性別分工。開始我先述說自己家務分工的經驗，沒有想到一說完，她們也就非常踴躍發言，各自敘說自己的故事。接著，我們的訪談就變得比較對等。我們可以從家務分工到工作場所的性別化分工，乃至性別歧視。然而，我和男性作業員的訪談，就不是那麼順利。不僅家務性別分工，工作場所的性別分工也不能有交集，他們的焦點在於「他們的階級不平等」，而非「性別的不平等」。

上述的例子也點出，女性研究者在從事底層研究會面對和遭遇的研究倫理和政治過程，也因性別和階級有所不同。

3.女性研究者 vs. 工人階級的夫婦

Hertz 關於雙薪家庭中，妻子參與有給勞動市場如何改變家庭生活的研究，研究主題為家務決策的權力? 即誰決定托育、財務和分工。Hertz 的受訪夫婦包括妻子薪給高於先生、妻子薪給低於先生；1/3 為工人階級，2/3 為中、上階級；受訪夫婦有 40% 為少數族群夫婦。受訪夫婦同時被告知研究主題。

Hertz 訪談方式有些採分開訪談，有些則採同時進行。分開進行訪談旨在讓夫妻可以表示其個人的看法和祕密；夫妻同時進行訪談

則在防止兩人互相討論議題和答案。Hertz 發現，分開訪談會有他／她的故事出現，同時訪談則有我們（他／她們）的故事出現。不難發現，他／她們的故事可能是性別分工的結果，可能是衝突協商的結果，也可能是夫妻從未互相討論的議題。

　　Hertz 認為，這些家庭夫妻權力關係改變和受訪者的社會地位和經濟資源改變有關。例如，研究中的一對工人夫婦，婚後妻子一直待在家裡，直到最小的孩子上了學，她才出外工作。當她拿了第一次薪給後，她開始想如何將錢匯集起來，才了解錢都如何支配、使用。儘管訪談是分開進行，夫妻在錢的敘述頗為類似，然而，她（妻子）補充解釋，自從她有了薪資後，他們的權力關係才改變。以下是一段訪談對話 (Hertz, 1995: 440)：

訪問者：在妳工作以前，你們的錢是分開的嗎？

受訪者：沒有，都是他的錢。

訪問者：妳認為是他的錢？

受訪者：是他的錢，他總是說：「是我們的錢」，但是我總覺得好像在跟他乞求什麼？例如，「我可以拿 5 塊錢嗎？」現在（她開始工作後），我不需要再問他。

訪問者：這很有意思，可否告訴我怎麼回事？

受訪者：現在開始，我們在銀行有個聯合帳戶，我可以去銀行拿錢，要拿多少就拿多少，當然，我得告訴他，他也得告訴我，錢做什麼用途去了，因為支票本在我這兒。

訪問者：以前呢？

受訪者：以前，總是他的錢，我得跟他要，「我需要 5 塊錢

去買這樣的東西」，但也不是都如此，有時，他會
分配，一些錢我留著，一些錢妳拿去，他總是掌
管所有的，我要才有。

訪問者：所以出外工作也改變妳對錢的看法？

受訪者：是的，因為我可以花自己的錢，也知道剩下多少。
所以，我搞砸了，我不能怪其他人，是我搞砸了，
如果沒錢，是我花掉的，我清楚週日我有什麼，
週末我有什麼，不夠我可以去銀行取款，我不需
要跟他要。而且，我有自己的信用卡，如果有任
何事，是我自己的信用卡，不是他的，我有自己
的信用卡又是另外的議題。

訪問者：怎麼一回事？

受訪者：當我有信用卡，他非常生氣，因為他說，我不需
要信用卡！我則說，「我需要信用卡，因為我有工
作，要有自己的信用！」所以，我有信用卡之後，
我可以有自己的車，但是，他一點都不高興。我
有第二張信用卡，他還是不高興。有了信用卡之
後，即使沒有錢，我也可以去買一些東西或衣服
給孩子和自己，至少我可以慢慢地付。所以，有
時他問我，妳哪來的錢買這些東西？我告訴他，
別擔心，我用我的信用卡買的。然後，他會說，
「妳一點也不擔心？」我回答：「不會。」因為我知
道用我的名字，我就得自行負責。所以，很不一
樣，喔！真的，不一樣！

　　上述對話清楚揭示，女性出外工作，自己有了經濟報酬，改變她在夫妻的權力關係位置，她才擁有自主權和支配權。同時，此一研究再次反映女性受到女性倫理的制約，例如，她在家操持家務，不算工作，所以是他的錢，不是她的錢。

三、女性主義倫理的衍生和發展

　　女性倫理的女性主義者，以 Gilligan (1982) 為代表，同意男性和女性的道德思考是不同的，女性有女性的道德思考模式，例如，女性遇到衝突，會將焦點集中在個人的細節，她們會發明保護每個人，不傷害任何人的解決方法。反之，男性則傾向列舉適當的規則解決衝突，他們會選擇與宰制規則相關的行動，為了維護正義，他們寧可犧牲某些人的利益。

　　相對地，女性主義倫理的女性主義者主張，女性和男性的道德能力是一樣的，唯有女性享有和男性同等的政治權利，女性才能擁有同等的道德。女性主義的倫理明白揭示女性主義的政治視野，即女性受壓迫不但是道德不能接受，而且政治也不能接受。在父權宰制關係下，被界定在服從位置，處於劣勢者，對別人的情緒反應總會特別敏感，相對關係中也比較會取悅別人和說服別人。

　　女性主義的倫理可以從道德哲學和社會研究兩個層次來談，在此，我們先談女性主義的道德哲學，再談女性主義倫理社會研究。

(一)女性主義倫理的道德哲學

　　根據 Sherwin (1993: 16–23) 界定道德層次的女性主義倫理，有下列幾個特色：

1. 體認女性受壓迫的實際經驗和道德實踐外，還要批判建構她們被壓迫的特定實踐。
2. 超越男女雙元或二分型式，才能破除道德和權力結構的性別中立。
3. 區別什麼時候可以提供照顧 (care)、什麼時候則不可以。
4. 評估特定行為和照顧型式涉及政治判斷的決定。
5. 承諾社會正義的考慮和照顧關懷同樣重要。
6. 評估評鑑必須考慮個人詳細經驗。
7. 重視每個人的道德感受和詮釋。
8. 分析道德必須檢視個人存在和其行為發生的政治關係和經驗。
9. 消除被壓迫的女性和其他受壓迫團體的壓迫實踐是最終目的。

綜合而言，女性主義的倫理是為了挑戰現行體制的男性偏見道德 (male bias)。研究沒有此類承諾（消除男性偏見）視為非女性主義 (non-feminist)，或沒有包含消除男性偏見承諾則視為反女性主義 (anti-feminist)，或男性偏見研究。儘管女性主義倫理共同的主張是消除男性偏見，卻因不同的哲學基礎，有許多不同的流派。

然而，根據女性主義倫理共同承諾，至少有兩個假設是共同的：⑴女性服從是錯誤的道德；⑵女性的道德經驗和男性的道德經驗同等重要 (Jaggar, 1991: 97-98)。同時，這兩個假設也提出女性主義倫理在實踐或理論上的訴求。例如，批判那些充滿女性壓迫服從的行動和實踐，調配或抗拒行動和實踐可行方法，以及提出可以提升女性的解除壓迫 (women's emancipation) 的另類道德正義。

㈡社會研究女性主義的意涵

根據 Cancian，女性主義探討的主題，主要有五大本質 (1992: 626-627)：

1.性別和不平等

女性主義最明顯的特質是其焦點為性別和不平等。女性主義假設絕大多數的女性受到男性和父權制度的壓迫，而這些壓迫不是自然的，也不是不可避免的，是可以改變的。晚近，女性主義更包含族群、階級等多重不平等壓迫議題，這些議題的基本假設隱含強烈消除不平等關係的政治和道德承諾。因此，女性主義主張有價值的改革，而非跳脫價值或價值中立。

2.經　驗

多數女性主義的計畫描述女性／男性，特別是弱勢團體個人的日常生活經驗。透過訪談或民族誌的方式去驗證傳統研究所忽視或貶抑的感覺和行動。女性主義強調，正確描述 (accurately portraying) 她／他們的經驗或者讓她／他們發出聲音 (giving voice)，不同於其他質性研究。

3.行　動

由於女性主義的目標是為女性（弱勢）團體作研究，所以女性主義研究包含透過行動和政策改變社會或改進特定女性團體的狀況。研究旨在改變，例如，為受虐婦女建立避難所，參與者意識提升團體 (consciousness-raising group) 或給政治人物，或社會運動提供政策建言，都是女性主義的行動形式。

4.批判研究

女性主義研究的興起係為反對傳統研究，持續扮演反映、批判、

質疑女性主義和非女性主義假設的角色。同時，女性主義研究分析研究過程如何受到性別、族群和階級、研究者的性別以及整體社會、文化的形塑。女性主義受到後現代主義的影響，晚近的焦點則集中在批判傳統宰制關係的正當性。例如，推翻以中產階級異性戀、白人女性的特權經驗,拒絕和貶低其他女性經驗的女性皆然的普同性。

5.參與式方法

女性主義不同意嚴格界分研究者和被研究者，主張給被研究者多些權力。例如，Oakley (1981) 建議，雙向互動的訪談，而非傳統的單向訪談。

從女性主義方法的五大本質，女性主義者企圖解決研究和實踐的衝突，無疑挑戰現行父權體制「男尊女卑」的權力關係，為了達到改革的目的，女性知識階級不但必須質疑男性宰制關係的倫理議題，而且要修正過去的思考，否則女性知識階級的道德結論不過承襲社會道德上層結構的價值罷了 (Card, 1991: 4)。

㈢社會研究女性主義的倫理和政治

實際上，Hartung 等人 (1988) 的 "Empowering a Feminist Ethic for Social Science Research: Nebraska Sociological Feminist Collective"，就是女性主義者意識，傳統倫理使女性在父權宰制關係持續被壓迫，集體智慧創造所謂的女性主義倫理。Hartung 等人清楚道出，女性主義倫理指出女性的被壓迫是我們研究工作和社會結構的主要衝突和矛盾。因此，Hartung 等人對女性主義倫理的定義,女性主義倫理係女性主義在研究和實踐的倫理,包括四大議題:⑴客觀化女性為研究主體;⑵由女性為女性研究女性相關議題;⑶

糾正在社會學所用和濫用的語言；⑷就業、獎助和研究守門人的過程。

Hartung 等人強調，傳統研究客觀化女性為研究主體意涵有二：一者視女性偏離男性的標準（規範，norm）；再者她們被包含在男性歧視的研究典範。追求科學的客觀，科學家成為了解女人生命和生活的專家。傳統研究的分析和技術層面，即使女性是研究者和被研究者，也巧妙地從行動者中消失。諸如，男性醫師宣稱他們最了解生產、性行為，女助產士（女性）或女性主義都不懂，甚至於成為受責備者（《中國時報》，1997 年 12 月 29 日）。

至於女性為女性研究女性主義相關議題，涉及將權力整合在研究內。同時，權力也是衝撞各種壓迫的關鍵。透過父權研究過程、界定、控訴、訓練，以消除反婦女（或若是）的行動責任全在弱勢的女性肩上。被研究者，研究助理和其他都沒有在參與審查過程的機制，也不在主要研究贊助機構的審查委員會。對於研究倫理或過程的批判根本沒有聽到，如此研究者和研究機構可以持續維持父權企業。於是，多少女性因發揚學術的自我利益而被剝削？多少以女性為研究主體的研究有利於女性？是女性充權女性主義倫理的兩個質疑。Hartung 等人 (1988: 7–8) 以性騷擾為例指出，性騷擾和性別、族群、階級及權力關係有關。即使是美國社會學會的專業倫理，仍未明確規定敘明這些不同的權力關係會導致性騷擾乃至工作場所的強暴。不僅如此，定義、控訴和責任又回到弱勢者。

相對於研究和實踐的權力關係，語言鑲嵌在父權價值和偏見是關鍵因素。冒犯語言充斥在迫害的研究和理論、社會語言，不但反映父權體制的特質，而且製造特殊的倫理問題。儘管西方語言的人 (man) 泛稱中性的人，可是實際上是指男人而已，Penelope 反駁以

mankind 泛稱人，意涵將權力給男性，而非女性，是種性別歧視的表現（轉引自 Hartung, et al., 1988: 12–13）。語言不但反映社會結構權力關係，而且呈現社會的意識型態，例如，（男）醫生，（女）護士，即呈現性別歧視的分工意識型態。身為女性的助產士，具有女性經驗，較男性醫生更了解女性生育經驗，卻被列為劣於男婦產科醫生，是另一例證。

由於女性和弱勢的被客觀化和缺乏進入管道，進一步反映女性和弱勢在就業、出版結果和研究的地位。所謂的守門人，即掌控資源，取得進入機會者，學術社群、工作、出版和研究都是重要的資源。在追求事業成功的不同階段，由守門人掌控、分配稀少的資源，女性主義者要實現女性主義倫理必須成功地透過守門人，打破障礙，以及開拓另類方式反映和呈現權力機制的壓迫制度。畢業於同屬菁英學校的男性，就可以找到比女性好的工作，就是守門人在就業掌控的結果。此與 Reskin (1991) 所提性別工作序列理論一樣，工作的性別歧視其實就是男性為了要維持父權男性的既得利益。

關於出版和研究獎助，女性從事女性和弱勢的主題研究一直被視為只是個人經驗分享，不可視為專業和客觀研究，遑論視為科學知識。同儕審查的委員選擇須經編輯和編輯委員會的認可，女性主義者的論文涉及主觀意識型態，理所當然不包括在文獻內。經過這樣的審查程序，女性主義者的論文無法出版，當然無法成為審查者（守門人）。同樣地，研究獎助的審查亦得經過這樣所謂客觀、專業的同儕審查程序，女性主義者的意識型態又和父權意識型態相左，因此也得不到研究或研究獎助。即令政府支助女性主義者在女性議題的研究，也遠比男性研究者少。實際上，女性主義研究多來自女性行動計畫。

對於如何充權女性倫理，Hartung 等人 (1988: 19–22) 也作了幾項實踐建議：

1.結束女性在研究的客觀化主體和被剝削

⑴學習接受和採用質性的、歷史的以及其他可以點名女性的受壓迫。
⑵學習批評和採用過去女性所支持的研究技能。
⑶機制化研究過程的反映、自我批評和責任。
⑷強調理論發展和方法的有效率。

2.充權女性為女性研究女性的相關議題

⑴從事可以讓女性述說自己的生活的解放研究，例如，出版家庭主婦的故事、第三世界的婦女經驗或女同性戀。
⑵明白指出女性在所有領域的情形，包括醫學、法律、理論、族群和種族，不再侷限婚姻、家庭和性別角色。
⑶與其否證二分法，不如促進現有理論工作或將之整合在過程。
⑷銘誌和認可登錄 (coding) 訪談和類似活動的重要。
⑸認同教學如同對話般重要，儘管教學在學術社群報酬極低，但是它可以充權學生，也可以擴展自己的了解。

3.對抗語言的濫用

⑴批判父權的語言、理論和概念。
⑵採用不排他、可親的和去迷思的語言。
⑶結合期刊、摘要以及教學大綱，採雙語言以祛除英文的沙文主義。
⑷強調積極的聲音，而非消極的聲音。

4.通過守門人和創造女性主義評論新形式

⑴透過減少費用、可親的文字，延攬社區參與，增進參加社會學的
　女性主義研討會機會。

⑵透過延攬非學術的評審者，例如研究主體的女性，形成不同學科
　的女性主義評審者，增進期刊投稿機會。

⑶充權女性主義倫理和女性主義者，在女性主義期刊的發展；邀請
　讀者和大眾提供意見,與編輯和編輯委員會建立決策過程的分享；
　優良標準的改變應包含爭議性、解放性以及重要實踐的相關研究；
　獎助結構的改變應強調公眾對女性主義貢獻的認可；機制化女性
　主義守門人的輪替。

⑷以傳承知識，支持女性主義代替保留和建立新的稀少資源。

⑸建立包含女性主義的支持團體與讀書團體。

⑹成為女性主義的導師，開啟新學術領域、新政治環境以及新方法
　充權所有女性。

⑺建立另類專案認可的學術和評估形式。

㈣實例：女性主義倫理對性別政治的回應

　　女性主義的倫理既是女性主義在研究和實踐的倫理，也是女性
主義在研究和實踐的過程，如何面對性別政治的困境？以下透過一
個實例說明，即以 Janet Finch (1993) 研究訪談過程，釐清女性主義
者應如何回應研究過程的性別倫理和政治。

　　Finch 在她的親子團體 (playgroups) 和神職人員妻子兩個研究
發現，如果她不說明研究對象在社會結構的位置，結果反而是不利
於這些研究對象。以神職人員妻子為例，事實上許多神職人員妻子

扮演著無酬家屬的助理角色，還表示她們很滿意以丈夫工作為中心的生活方式。針對此，Finch (1993: 176) 指出，她們的回答可以解釋，她們欣然接受服從和支持丈夫的性別角色，而不希望有更多的獨立自主。然而，Finch 強調，女性主義者既要主張女性的獨立、自主，如此的解釋不但陷女性於不義，而且再次複製父權體制的女性性別認同，與女性主義的主張相背離。

同樣地，在 Finch 的親子團體研究，也發現她的研究對象來自非常不同的社會階層，而所講的「托兒所親子團體」，實質上是根據布爾喬治亞的資本主義標準 (bourgeois standards) 設立的，此類親子團體根本不適用於工人階級。如果她不留意，她的研究結果只會使那些弱勢工人階級的女性成為不適任、不恰當的養育照顧者。

因此，Finch 面對這些結果，她從自己身為一個社會學者和女性主義者審慎地檢視學術、道德以及問題脈絡幾個面向，試圖解決這些困境。關於神職人員妻子，Finch 決定從她們在社會結構的位置，了解並區辨她們的社會位置和她們的經驗。如此一來，Finch 發現她們的經驗源自她們的位置，她們的位置本質上就是被剝削的、無法改變的。相對地，在親子團體研究，Finch 把焦點放在親子團體是正式教育體制的文化和特質，它只是學前教育的一環，不再把焦點放在工人階級的妻子的養育照顧議題。

根據這兩個研究，Finch 反省自己在研究過程所面對的困境：是否背叛接受她訪問女性的信任 (betrayal of trust)？ Finch 解釋「背叛」不是指將她們的故事販賣給當地的報社的個別意涵，是指背叛全體接受她訪問的女性而言，因為透過這些受訪的女性所得到的結果，可以含括全體女性的福祉與權利。陷女性於不義，危及她們的權利就是背叛。在此中立於研究結果的傳統倫理相當不恰當，Finch

認為此不僅是道德困境，而且是政治困境，因為婦女和性別關係研究的核心議題為「我們要站在哪一邊?」(whose side are we on?)(1993: 177)。由於父權體制內，女性鮮少立於優勢地位，當然鮮少有合理公平的遊戲規則，而性別研究的核心關鍵在於權力關係，涉及倫理也涉及政治。

Finch 很清楚聲明，女性主義會和她研究對象的女性站在同一邊，就像站在弱勢社會學的傳統一樣，然而，女性主義學者和社會學者有非常不同的焦點，即實質上女性主義學者研究女性，分享研究對象的弱勢社會地位，研究過程的脈絡正好反映在學術社群的弱勢地位，女性主義學者在學術社群的底層，能獲得的研究資源非常少。

Finch 也指出，除了黑人研究者研究黑人外，極少數男性研究者能夠和女性主義學者一樣，研究者可以分享被研究者的經驗。既然社會研究旨在提升促進被研究者（指弱勢者）的權益和公平正義，女性主義學者應該表明和女性站在一起的立場。同時，Finch 也明白表示，女性主義學者採用自己的女性經驗常被標籤為不客觀、不嚴謹的人，利用研究工作達到我們的政治目的。對此，Finch 反駁，社會研究旨在實踐和改革，研究本質就是政治，研究就是政治行動，不僅女性主義學者，其他社會研究者也是如此。學術社群對於女性主義學者的批評，不也反映學術社群的性別政治現象。女性主義學者必須有自己的女性主義倫理準則，並不需要迴避自己是女性主義的立場。

/ 四、結　語

　　社會研究的目的在去除社會不公平的現象，使社會弱勢團體獲得應有的正義和公平對待。社會研究就是一種社會實踐，同樣地，研究倫理當然也是實踐倫理，女性主義研究和其他研究一般，都會涉及權力關係，也避免不了會涉及政治。由於傳統的研究倫理過於抽象和模糊，研究倫理準用多侷限於弱勢的被害者，研究倫理對於權力核心的既得利益者反而是種保護網。女性主義的倫理旨在挑戰既存的傳統倫理，女性主義的倫理就是女性主義的政治，女性主義的倫理不但批評傳統建構的倫理準則和父權宰制的權力架構，更重要的是要積極建構沒有壓迫、沒有宰制的社會和政治結構。

　　實質上，女性主義的倫理適用對象不侷限於女性主義學者，所有研究者都適用。不僅所有的社會研究者，所有的道德理論和政策制定者都應不斷反省主體和受迫害者型態的關係，不但要關懷性別歧視，也要關懷種族歧視。倫理和政治的實踐不僅適用在研究上，醫病關係和其他政治行動也都適用之。女性主義的倫理不見得是一體適用的世界普同準則，可以解決所有遭遇的問題，但女性主義的倫理一詞只是個準用名詞，它包含族群主義的倫理和異性戀的倫理討論。

　　儘管女性主義者不是女性主義倫理的唯一適用者，惟女性主義在實踐女性主義倫理時，必須謹記的事實：研究者（女性主義者）和被研究者（貧窮者和弱勢者）之間的權力關係是不同的，雖然在研究過程，女性主義者可以同情和友善的方式，使兩者的關係較為平等，但是這些方式並無法轉換研究者的社會位置，因為這些平等

關係是短暫的，研究者離開研究場域後，研究者的特權能力也隨之
離去。謹記此一事實並不是要放棄維持研究場域的平等關係，相反
地只是進一步認清事實。實際上，女性主義者在研究過程或做完研
究，遭遇權力關係的困境，正是女性主義者在學術社群邊緣權力關
係位置遭遇的困境。換言之，身在學術社群是享有特權的，但是女
性主義者在學術社群的地位，並不在權力核心的位置。此一現象清
楚地點出女性主義者在工作場所的無力感，也反映學術社群的性別
歧視現象。

　　晚近女性主義學者認為，停留在理論倡導的女性主義倫理是不
夠的，缺乏行動研究 (action research) 和實踐者研究 (activist
research) 是女性主義的專業目標 (profession goals) 和女性主義研究
的實踐 (feminist research practices) 差距原因 (Wolf, 1996)。因此，女
性主義者認為，積極倡導行動和實踐研究是目前重要策略和目標。
然而，許多女性主義者也語重心長忠告年輕的女性主義者，從事女
性主義研究，女性主義行動研究的代價和懲罰是很高的，這樣的研
究在學術社群的評價很低，不易升遷。更殘酷的事實是，女性主義
者在學術社群的掙扎遠比在研究場域辛苦得多。由此可見，研究倫
理的改變和實踐仍要從學術社群開始。

參考文獻

中文部分

天下雜誌編輯部 (1998)，〈不一樣的女人〉，《天下雜誌》，第 202 期，頁 90–110。

《中國時報》(1997 年 11 月 27 日)，〈我的媽媽是懶女人〉。

《中國時報》(1997 年 12 月 29 日)，〈激進女權主義者，催化性氾濫?〉。

《中國時報》(1998 年 2 月 13 日)，〈上司性騷擾，公堂說委屈〉。

《自由時報》(1997 年 12 月 22 日)，〈一通代孕媽媽的電話〉。

《自由時報》(1998 年 2 月 10 日)，〈女性出任分局長「取決能力」〉。

朱元鴻 (1997)，〈背叛／洩密／出賣：論民族誌的冥界〉，《台灣社會研究季刊》，第 26 期，頁 29–65。

胡幼慧 (1996)，〈轉型中的質性研究：演變、批判和女性主義研究觀點〉，《質性研究：理論、方法及本土女性研究實例》，胡幼慧主編，頁 7–25，臺北：巨流。

孫中興 (1997)，〈Peer Review 的理想與實際：一個科學社會學的分析〉，《臺灣社會學社通訊》，第 24 期，頁 25–29。

陳鍵人 (1998)，〈女性將全面占領法院?〉，《商業周刊》，第 536 期，頁 58–60。

傅大為 (1997)，〈同仁評鑑的社會條件及其濫用與權力關係〉，《臺灣社會學社通訊》，第 24 期，頁 21–24。

錢永祥 (1997)，〈對傅大為、孫中興兩位教授的回應與討論〉，《臺灣社會學社通訊》，第 24 期，頁 30–31。

嚴祥鸞 (1996)，〈兩性工作平等的實質基礎：解構社會文化和制度的性別區隔現象〉，焦興鎧主編，《歐美兩性工作平等制度比較研究》，頁 191–220，臺北：中央研究院歐美研究所。

嚴祥鸞 (1997)，〈訪談的倫理和政治——女性主義社會學者的自我反思〉，《婦女與兩性學刊》，第 8 期，頁 199–220。

英文部分

Ball, S. (1994). "Political Interviews and the Politics of Interviewing," G. Walford (ed.), *Researching the Powerful in Education*. London: UCL Press.

Calhoun, H. C. (1988). "Justice, Care and Gender Bias," *Journal of Philosophy*, 85 (9): 451–463.

Cancian, F. M. (1992). "Feminist Science: Methodologies That Challenge Inequality," *Gender & Society*, 6 (4): 623–642.

Card, C. (1991). "The Feistiness of Feminism," pp. 3–31, in C. Card (ed.), *Feminist Ethics*. University Press of Kansas.

Cole, E. B. & S. Coultrap-McQuin (1992). "Toward a Feminist Conception of Moral Life," pp. 1–14, in Cole, E. B. & S. Coultrap-McQuin (eds.), *Explorations in Feminist Ethics: Theory and Practice*. Bloomington and Indianapolis: Indiana University Press.

Finch, J. (1993). "It's Great to Have Someone to Talk to: Ethics and Politics of Interviewing Women," pp. 166–180, in M. Hammersley (ed.), *Social Research: Philosophy, Politics and Practice*. Newbury Park: Sage.

Fonow, M. M. & J. A. Cook (1991). "Back to the Future: A Look at the Second Wave of Feminist Epistemology and Methodology," pp. 1–15, in M. M. Fonow & J. A. Cook (eds.), *Beyond Methodology: Feminist Scholarship as Lived Research*. Bloomington and Indianapolis: Indiana University Press.

Frazer, E., J. Hornsby & S. Lovibond (eds.) (1992). "Introduction," pp. 1–19, in Frazer, E., J. Hornsby & S. Lovibond (eds.), *Ethics: A Feminist Reader*. Cambridge, MA: Blackwell.

Gauthier, D. (1986). *Morals by Agreement*. Oxford: Clarendon Press.

Gilligan, C. (1982). *In a Different Voice: Psychological Theory and Women's Moral Development*. Cambridge: Harvard University Press.

Harding, S. (1986). *The Science Question in Feminism*. Ithaca, NY: Cornell University Press.

Hartung, B., J. C. Ollenburger, H. A. Moore & M. J. Deegan (1988). "Empowering a Feminist Ethic for Social Science Research: Nebraska Sociological Feminist Collective," pp. 1–22, in Nebraska Sociological Feminist Collective, *A Feminist Ethic for Social Science Research*. Lewiston, NY: The Edwin Mellen Press.

Hertz, R. (1995). "Separate but Simultaneous Interviewing of Husbands and Wives: Making Sense of Their Stories," *Qualitative Inquiry*, 1 (4): 429–451.

Houston, B. (1992). "What's Wrong with Sexual Harassment," pp. 505–513, in Debra Shogan (ed.), *A Reader in Feminist Ethics*. Toronto: Canadian Scholars' Press.

Humphries, B. (1997). "From Critical Thought to Emancipatory Action: Contradictory Research Goals?" *Sociological Research Online*, 2 (1).

Jaggar, A. M. (1991). "Feminist Ethics: Projects, Problems, Prospects," pp. 78–104, in C. Card (ed.), *Feminist Ethics*. University Press of Kansas.

MacKinnon, C. (1992). "Catharine A. MacKinnon (b. 1946)," pp. 351–363, in Frazer, E., J. Hornsby & S. Lovibond (eds.), *Ethics: A Feminist Reader*. Cambridge, MA: Blackwell.

Millen, D. (1997). "Some Methodological and Epistemological Issues Raised by Doing Feminist Research on Non-Feminist Women," *Sociological Research Online*, 2 (3).

Nebraska Sociological Feminist Collective (1988). *A Feminist Ethic for Social Science Research*. Lewiston, NY: The Edwin Mellen Press.

Oakley, A. (1981). "Interviewing Women: A Contradiction in Terms," H. Roberts (ed.), *Doing Feminist Research*. London: Routledge & Kegan Paul.

Punch, M. (1986). *The Politics and Ethics of Fieldwork*. Newbury Park: Sage.

Punch, M. (1994). "Politics and Ethics in Qualitative Research," pp. 83–97, in N. K. Denzin & Y. S. Lincoln (eds.), *Handbook of Qualitative Research*. CF: Sage.

Puwar, N. (1997). "Reflections on Interviewing Women MPs," *Sociological Research Online*, 2 (1).

Reinharz, S. (1992). *Feminist Methods in Social Research*. New York: Oxford University Press.

Reskin, B. (1991). "Bringing the Men Back In: Sex Differentiation and the Devaluation of Women's Work," pp. 141–161, in J. Lorber & S. A. Farrell (eds.), *The Social Construction of Gender*. Newbury Park, CA: Sage.

Sherwin, S. (1993). "Ethics, Feminine Ethics, and Feminist Ethics," pp. 3–28, in Debra Shogan (ed.), *A Reader in Feminist Ethics*. Toronto: Canadian Scholars' Press.

Smith, D. (1979). "A Sociology for Women," in J. Sherman & E. Beck (eds.), *The Prim of Sex: Essays in the Sociology of Knowledge*. Madison: University of Wisconsin Press.

Warren, C. A. B. (1988). *Gender Issues in Field Research*. Newbury Park: Sage.

Wolf, D. L. (1996). "Situating Feminist Dilemmas in Fieldwork," pp. 1–55, in D. F. Wolf (ed.), *Feminist Dilemmas in Fieldwork*. Oxford: Westview Press.

第四章

語言互動與權力：倫理的思考

周雅容

- 學歷：美國紐約大學心理學博士
- 經歷：國立中正大學心理系副教授
- 專長：心理健康、老人研究、兩性研究、健康心
  理學以及評鑑研究

「當我在用某個字時，」矮胖子以一種輕蔑的語氣說道：「那個字的意思就是表示我要它表達的意思——不多也不少。」

「問題是，」愛麗絲反問：「你是否可以用這些字來表達許多不同的意思。」

「真正的問題是，」矮胖子說：「到底誰是老大——這才是關鍵。」

　　　　引自 Lewis Carroll (1872/1923) (*Alice Through the Looking Glass*)

　　報紙曾刊載一篇由一群在臺大醫院產檢的孕婦投書，標題為〈臺大產檢 C 肝：以研究為名，何以收費?〉。文中指出臺大醫院的醫生們在未事先告知也未徵得孕婦同意下，即擅自將 C 型肝炎檢查列為所有孕婦皆需接受的檢查。但因此項檢查，健保並不給付，於是孕婦必須自費負擔檢查費。當孕婦問主治醫生：「C 型肝炎會怎樣? 有沒有辦法預防?」回答是：「沒有治療方法，嬰兒也不像 B 型肝炎一樣，有疫苗可打，只是研究看會不會傳染給嬰兒而已」（《民生報》，1997 年 11 月 8 日）。

　　如此明顯違反研究倫理的行為，就如這些婦女所說的：「既然是研究，為什麼要我們付錢呢?」出現在醫療專業居領導地位的教學級醫院，不得不令人深思我們社會中的專業，特別是醫療、教育、社會政策、法律等，與現代人生活密切相關的專業，在掌握了專業知識及運用的權力同時，對其中所引發的道德及倫理的爭議，實在應有更多的關注，及實質上的落實。

　　倫理及道德所牽涉的層面是複雜的。倫理在字典上的解釋為人與人維持倫常關係的道理，在生活中我們所思考的，如何在為人處事上能合乎道德的要求，什麼樣的行為是「應該的」、「對的」、「好的」、「善的」、「公平的」，或者什麼樣的行事是「惡的」、「不應該

的」、「不公平的」、「不對的」等，都是屬於倫理議題。只要有人的互動，就會有倫理的爭議，因此科學研究作為人類一種社會活動，也是一個極具倫理爭議的場域。

　　回顧以人類為受試者的科學研究的歷史，尤其在生物、醫學研究方面，不乏以科學研究之名對受試者進行殘酷而危險的實驗。例如，二次大戰期間納粹黨醫生對集中營囚犯進行危險且足以致命的實驗，以及在由美國公共衛生部門所策劃的對一群黑人所進行的Tuskegee 梅毒研究，科學家為了想了解患了梅毒而不治療，會有什麼後果，因而以一群貧困黑人進行歷時幾十年的追蹤研究，卻不替他們治療梅毒。社會科學研究中亦不乏引起倫理爭議的例子，例如，Milgram 的權威服從研究、Humphreys 的同性戀研究等。

　　除了進行研究的過程需要倫理的思考外，另一個值得重視的是，專業工作及專業知識在現代生活中所引發的道德及倫理的問題。專業的興起是現代社會的特色，專業者具有的專門知識及技術製造了專家與一般民眾間權力關係落差。專業服務體系的使用者，往往是處於弱勢地位，而這種弱勢處境的形成與專業對知識建構的掌控權有密切的關係。包括哪些知識可以享有科學知識、專門知識的合理地位，或者哪些知識被排斥，視為非專業知識。特別是專業經常使用論述實踐 (discursive practices) 各種策略，擴展其權力基礎。在本文中，將以女性主義視角，經由語言、知識以及權力之間關係的解析，為社會、醫學研究及專業領域中的倫理議題提供一些思考的方向。

✒ 一、社會研究的政治與倫理

　　學術研究或科學知識，往往給人一種錯覺，以為科學研究的進行是奠基於一超然的立場，無涉於個人或群體的利益及價值判斷。例如，常見的說詞為以「客觀」立場，依據資料所提供的證據，所得到的研究結論。這種錯覺仍普遍存在於國內學術界內，而一代又一代學術研究人員養成教育中，這種迷思廣被接受，鮮少看到針對社會科學研究中的權力與政治運作議題的批判性論述。但是，不論研究者個人觀感如何，是否願意承認社會科學研究歷程的本質即是政治性的，這些皆無法抹滅社會科學研究從來就不曾是像一些人所以為的，是一種對人類行為及社會、心理現象中的中性探索過程。

　　然而，主流社會科學視角往往不願意誠實面對知識建構即是社會行動的一種具體實現。反而，進一步將知識與行動予以區隔，以為研究者可以從事「單純」的知識建構活動，而不具有社會行動的力量。於是，研究被區分成基礎研究 (basic research)，以及應用研究 (applied research)，並且認為只有以應用為取向的研究，才會牽涉政治性及具有價值意涵。基礎研究則被認為是符合科學理想的研究，享有客觀及較高的學術位階。但是，果真如此嗎？Reinharz (1992) 指出這種區隔僅是語言修辭 (rhetoric) 上的區隔，並無法掩蓋基礎研究過程的政治性及具有價值立場的實質內涵。或者，我們可以更清楚地指出，宣稱社會科學研究是客觀、不牽涉價值判斷的探索，事實上是具有模糊了社會結構及社群權力不平等現象，維護現存體制的權力結構，鞏固既得利益階層的優勢地位意涵。

　　社會研究具有社會控制內涵的例子比比皆是。大部分的社會科

學研究是以社會場域上較弱勢群體為研究對象，因此，研究者到小學、中學找小學生與中學生進行研究，相對之下，較少選擇同樣場域的中小學教師作為研究對象。若以教師為研究對象的研究，則明顯看出在教育體制中階層較低的，比較容易成為社會研究的樣本。所以我們有不少以國中小教師為研究對象的研究，然而卻少見以大專院校教師為研究對象的社會科學研究。在標榜以研究為主的大學校園中，大學生免不了成為校園學術研究者最便利的研究對象。

　　以筆者任教單位的經驗可作為一個例子。在心理學界的慣例是凡修普通心理學的學生，必須當「受試者」，作為其他老師或研究生進行研究的「當然」樣本。至於規定修課學生須當幾個小時的受試者，還頗費思量，必須配合研究生及老師的研究需求受試的量。甚至，在系所會議中討論開設給外系的普通心理學課程時，免費的受試者來源亦成了開設課程所帶來的好處。離開校園環境，社會研究仍是以弱勢或社會邊緣群體為主要研究對象。單親家庭、原住民、身心障礙群體、「問題」青少年、罪犯、病人等。我們有很多以病人或工廠員工為對象的研究。然而，社會研究中以醫生或老闆為研究對象的又占多少比例？而女性居於階層及性別的雙重弱勢，亦成為社會研究的主要樣本。這些現象無疑反映了位處強勢階層的成員比較有辦法能拒絕研究者的探問，他們的時間比較寶貴、他們的隱私權也得到比較多的保障，這些都顯示科學研究是一個權力角力的場域。

　　同時，社會科學研究經常源起於希望了解社會問題的成因與機制，甚至於改善社會問題的可行性方案。例如，偏差行為的研究、親子關係的研究、單親家庭的研究等。研究主題的界定即是一價值觀及政治性的過程，社會研究經常以「社會問題」為研究探討的重

心。然而，什麼是「社會問題」？要以誰的知識體系來界定？這些都
牽涉了資源及權力不平等的社會結構。一個現象是否可以視為是「社
會問題」，取決於我們在社會結構中的位置，以及所採取的立場。不
同社群的文化所賦予價值及意識型態的不同，往往對一個社群而言
是問題的，另一個社群並不認為是問題。於是，社會問題的界定，
成為社會強勢成員以自身利益為考量所定出的規範，而要求弱勢成
員遵守。因此，社會問題也往往是政治性問題。

　　例如，「家庭與工作」能否兼顧，在父權社會之下，往往成為女
性持續面對的生活問題。此類研究不論其研究結果支持女性進入支
薪勞動市場究竟是利大於弊，或弊大於利，皆未挑戰到在父權家庭
結構下，婚姻關係中性別權力不平等的存在。相對於為數可觀的女
性家庭與工作兼顧的研究，卻鮮少有研究探討為什麼男性不認為工
作與家庭的組合會是一個「問題」。

　　同樣地，心理學對家庭親子關係及兒童發展的研究取向，往往
以探討職業婦女的工作，及托育方式對兒童成長可能造成的不利影
響為研究重心。這正是反映了心理學研究是承襲了父權社會所建構
的「母職的理想化迷思」(idealized myth of motherhood) 的價值觀。
於是，研究不以追問普遍性問題，例如，缺乏有品質的托育方式，
會對兒童成長造成什麼負面影響，反而以一個全職母親照顧小孩的
家庭圖像，成為評價其他不同家庭圖像的準則。換言之，這類的研
究是採取為社會現狀辯護的保守立場 (Silverstein, 1991)。

　　社會的變遷也會改變問題的界定。近年來，老年人開始成為我
們的「社會問題」。對老年人而言，他們實在不能了解為什麼在貢獻
一輩子心力、體力於社會及家庭中，居然會落得成為「社會問題」
的回報，更何況多數老年婦女仍然是負擔著家務工作及托育工作。

　　不只研究議題的界定是政治性，研究資源及經費分配亦是另一個戰場。國科會推動整合型研究，即是科學研究的政治本質具體化形式。筆者曾申請一個與性別議題相關的整合型研究計畫，該計畫未獲通過，但評審意見列舉不通過理由之一，居然是質疑「該計畫既然是性別意識研究，為何參與計畫的研究者絕大多是女性研究者，顯然有性別偏差」。這樣的例子凸顯了國科會作為全國最重要學術研究贊助單位，仍然是不避諱地進行性別宰制。

　　其實科學研究及專業領域所隱含的權力結構不均衡，及社會控制的性質，是為多數研究者所知覺的，也因此有專業工作者的倫理守則及研究倫理規範的訂定，試圖在專業及學術研究活動的保障與濫用之間尋找平衡點。這些現象均顯示，價值判斷是不可避免的。與其執意要將價值判斷由社會研究中去除，更恰當的應是將重心放在探討、分析研究者是基於什麼樣的價值立場來做判斷，以及這些價值立場是如何影響研究者的判斷。

二、倫理：女性主義視角的批判

　　經由傳統上對倫理議題的探討，我們大致可以整理出下列幾個重要的倫理思考取向。其中常見的一種取向，是以行為本身是否符合道義來作為主要倫理判斷依據。而道義則被界定成必須經由不帶感情的理性抽象邏輯思考所得出，能適用至其他人及情境的普通性原則。換言之，人的情感層次的體驗或情境特殊性，被排除於道德倫理考量範疇之外。另一種倫理思考取向，則以行為所導致的結果為重心。在同一情況下，某行為的道德性判斷，是以相對於其他可能的選擇，此行為是否符合導致最大程度的「利遠多於弊」結果原

則。依照這個論點，當行動無可避免造成不同群體的利弊得失時，「綜合起來，對多數人最有利」就成了該行為得以取得倫理正當性的依據。上述兩種取向，儘管在倫理考量重點上有所不同，但都一致認為個別生活經驗，或人與人關係的特殊性不應屬於道德範圍。唯有能抽離個體所紮根的社會情境考量所得到的普同性原則，才是道德判斷最後依歸。

　　女性主義倫理視角，則對此基本原則提出強烈挑戰。認為重理性思考，而輕忽情感在人類道德生活中的重要性，正是男性思想家偏頗的性別意識下的產物。例如，哲學家 Kant 就認為只有男人才有資格作為道德行動的主體，女人（與小孩一樣）都沒有能力進行道德判斷，因為她們無法將個人的情緒感受由道德推理中排除。Kant 更進一步指出，由於女人具有此種缺陷，因此她們不適合從事公領域事務 (Sherwin, 1993)。女性主義學者則指出，人與人彼此的關係是人類社會基石，而紮根於這些社會家庭關係而有的情感，是人類生活的重要面相。倫理的考量必須重視人們當時所處的社會情境中，人與人之間的關係品質。

　　傳統倫理思考中的社會契約論，亦知覺到特定社會情境在道德評價的重要性，並視個體基本上尋求己身的利益。因此，認為倫理需奠基於參與各方經由協商得出彼此同意的原則。但是女性主義視角則進一步指出，契約論取向與前述兩種取向基本上在論述倫理考量，都將人視為是獨立的、具有自主權、能自由作決定的個體，無視於社會結構中，階級、性別、族群、經濟、教育或文化所形成的階層區隔及不平等現象。

　　Sherwin (1996) 指出此種將個體視為是可以獨立自主，為保護自身權益的倫理概念，在現實社會狀況下經常成為維護優勢群體利益

的工具。她指出女性主義觀點認為道德考量不能只限於評估行為帶來多少益處？是否違背某些原則？而必須更進一步深思，誰或是哪些群體，是獲益最多的一方？為什麼？與現存的權力結構之間有什麼關係？

女性主義倫理思考，認為人與人之間壓迫宰制關係是違反倫理本質的，也因此性別不平等是倫理問題，而性別、年齡、階層、族群所交織出的壓迫關係也是倫理問題。倫理議題思考不再依循傳統思考模式，以雙人 (dyadic) 關係互動為焦點，例如，研究者與被研究者關係、醫生與病人關係等，必須同時將雙方所屬社群的社會脈絡結構納入考量。由於專業是倚賴科學研究知識而形成，因此專業倫理探討亦可由專業與非專業者權力交錯關係來思考。下面，我們將以研究活動中，研究者與被研究對象關係界定，來說明倫理意涵。

不同的知識論及研究典範，界定了在研究過程中研究者與研究對象的互動形式、性質，以及可能的限制。因此，經由探究研究者與被研究者之間關係本質，可提供我們解析研究過程中的權力、政治及倫理議題的重要途徑。Cameron 等人 (1992) 將研究者與被研究者關係大致上分為三種類型。以實證主義為其知識論基礎的研究，通常是屬於「針對受試者所進行的研究」(research on subjects)。由於實證觀點認為經由科學方式的觀察可以獲得不受價值判斷的事實資料 (value-free facts)，因此研究者使用各種方法，來彌補研究者必須在同一場域中觀察研究對象，始能收集資料所帶出各類干擾「客觀收集資料」的困境。例如，盡可能不與受試者主動互動、與受試者保持距離、使用單面鏡觀察研究對象的行為，或如 Milgram 的實驗，故意讓受試者以為是一項有關學習效果的研究，實際上受試者的服從權威行為才是研究的主題。

　　換言之，實證主義思潮強調研究者與被研究者間的區隔，倫理議題的思考亦反映了研究者是了解倫理議題的最適當人選。Lincoln (1990) 即指出專業倫理規範的產生，基本上認為研究者是決定社會科學研究倫理議題的最佳人選。因此倫理議題考量，以研究者為主體，來思辨被研究者在研究過程中所可能遭受到的精神及實質上的損害及被利用。而這些可能的損害可以直接來自研究者，亦可能由於研究結果資料的散播，使得被研究者處於不利的處境。

　　國外社會科學研究者對倫理議題的重視，可見諸於他們對專業倫理規範及相關議題的論述。一般而言，此類型研究倫理至少要遵循下列幾個原則，受試者必須在被充分告知研究性質後，自願同意參與，而且研究過程不會使受試者遭受傷害，以及受試者應當受到不具名及保密性保護措施。反觀國內學術研究及專業在倫理議題上仍未見有團體性的制約規範的力量，只能倚靠個別研究者的倫理素養來保障受試者的權益。

　　由於研究者往往以權力弱勢者為研究對象，因此當研究者違反倫理時，被研究者不見得有力量能制止。前面提及臺大醫院 C 型肝炎產檢事件報導中，臺大醫院婦產部主任的答覆指出，此項檢查是經由醫院內部討論共同決定的。果真如此，更加反映出專業群體不僅不能在研究倫理上形成群體自我規範，反而以集體霸權方式認可缺乏研究倫理的行徑。除此之外，又聲稱此項檢查施行「已在門診部貼出公告，可能因為公告紙張太小，再加上門診醫師、護士無暇對病人詳細說明清楚，以致造成病人誤會。本院應該檢討改進，公告可能放大一點。」這樣的說明更凸顯醫生專業的優勢心態，所謂研究倫理中的告知與同意，竟然可以用在門診貼一張公告方式來處理，不需要徵求每一位孕婦的同意；而檢討改進之道，竟然是「公告可

能放大一點」。即使當這些婦女表達不滿後，不僅不承認是醫學專業者在研究倫理上的缺失，而且將其說成是「病人誤會」。

這樣的例子，反映了醫療體系中病人（尤其是婦女）的被宰制地位。位於權力結構弱勢的群體，遭遇到不公義的對待時，不僅無法要回公道，往往還必須背負霸權群體的道德指控——「是你們誤會了」。我們也可以看到權力強勢者是如何運用言說 (discourse) 來進行對弱勢者的壓迫。這也是女性主義者一再堅持，倫理的探討不能只是談論抽象的、普遍的公平原則，必須落實於實際社會脈絡中，經由解析權力結構裡的宰制壓迫關係來思考。

由於實證知識論以研究者為建構知識主體的特性，使得學者開始反思，究竟倫理規範是規範誰？以及保護誰？學者指出研究倫理被用來保障握有權勢者的情形亦經常可發現。例如，Wilkins (1979) 即指出，相關政府部門很少重視囚犯的基本權益，直到有研究者想至監獄中進行研究。因此，研究倫理的規範在此情況下，往往成為強勢者用來阻擋其他人介入了解場域權力結構的工具。此外，在研究過程中研究者經由與研究對象互動獲得豐富資料，得以書寫成研究論文，得到學術社群的認可。但相對而言，研究對象往往是流於隱形、匿名狀態。究竟研究者在得到研究資料過程中，對研究對象提供了什麼樣實質益處？當研究者處於這種權力強勢的情況下，如何避免在研究過程中利用受訪者？

於是，有另一種類型的研究關係，Cameron 等人稱之為代言者立場 (advocacy position)。研究者除了對受訪者進行研究外，而且是為了受訪者權益的爭取及維護來進行研究（即 research on and for respondents）。常見的例子為，研究者在實地研究過程中，運用自身為專家的地位及權威性為弱勢群體爭取資源、促使社會重視弱勢群

體的困境等。此類型研究關係基本上仍是受實證論影響，研究所得出結論的客觀性未受到質疑。研究者立場認為，「客觀科學研究成果」應該用來改善研究對象的社會生活困境。研究活動進行仍以獲得正確資料為研究主要目的，而研究結果若指出被研究群體因社會偏見而受到不平等的對待，那麼研究者可依據研究資料予以駁斥，以減少社會對研究對象群體的歧視。這種立場下，專家學者成為研究對象權益的「代言人」，擁有專門知識以及優勢地位掌控這些知識。

　　但是，我們可質疑到底誰給予研究者獲得這些知識的途徑？本來，專家對現象並不清楚，是研究對象群體提供管道、資料、時間及精神，研究者才有可能進行了解。雖然研究者的能力及訓練有其重要性，但是仍然引發我們思考，作為一研究者，替研究對象代言爭取他們的權益是否恰當？研究者為什麼有把握作為代言人？能否界定什麼才是符合研究對象的權益福祉？研究者如何避免自以為是？研究者自身的價值立場是什麼？有哪些利益考量？這些因素如何形塑研究活動？

　　越來越多學者指出，主流社會研究的理論與方法的霸權本質，往往使得社會研究具有再製社會不平等結構的功能。雖然有研究倫理、專業倫理規範的訂定，但實際上，違反這些規範往往也沒有相對懲罰。而且，當我們看到有關研究倫理的討論時，焦點也常是研究者用來正當化其研究倫理爭議 (Barn, 1994; Pitcairn, 1994; Truman & Humphries, 1994)。假如，我們肯定研究者有責任為弱勢群體保障權益，以及進行社會研究的正當性應立基於挑戰不平等的社會結構，如何使社會研究即是充權的行動 (research as empowerment) 就變成晚近學者關切的焦點 (Lather, 1991; Ravn, 1991; Ristock & Pennell,

1996; Steedman, 1991)。

　　充權的概念是指如何使我們對自己的生活擁有充分的掌控力量。換言之，一個以研究即是充權行動為理念的研究者，必須清楚了解充權的意義在於分析造成權力弱勢的各種因素，以及確認有哪些系統性的壓迫力量，並且以個人或集體行動方式來改變這些狀況。所以，充權是一種個人或社群，替自身所處權力弱勢困境所採取的自發性行動。也就是說，權益維護行動必須回歸權益所繫的個人或社群為主體，才能稱之為充權。

　　在這樣的理念下，研究者與研究對象之間關係呈現一個巨幅改變。研究者不再視主導研究規劃及施行是理所當然的研究本質，也不以作為研究對象的代言人自居，而是視研究對象為共同規劃研究過程的合作者。藉由研究活動開展，研究對象及研究者都能對社會結構中的各種壓迫宰制機制，與生活經驗中困境的關係有更深的了解，以及行動的反制。也因此近年來在國外社會研究領域中，行動研究、參與式行動研究 (participatory action research) 備受重視。嘗試經由反思研究者與研究對象在研究過程中的權力關係，來思考研究倫理的意涵 (Reason, 1994; Reinharz, 1992; Stringer, 1996)。

　　當研究者開始尋求改變傳統的研究者與研究對象之間權力差距的同時，也意味著研究者必須以批判思考來檢視研究場域中的權力結構。以往，性別與研究的政治及倫理的密切性，一直是被忽略的領域，直到女性主義學者由她們實際研究經驗中的反思，傳統以男性為主體所建構的研究倫理論述的侷限性才開始受到關切（嚴祥鸞，1997；Warren, 1988）。

　　女性主義視角一再揭示性別建構絕非單純的生物基礎的男性相對於女性，而是一個生物、階層、族群及文化等環環相糾結的產物，

因此女性研究者亦不能因為身為女性而輕忽了對倫理道德的敏感性。女性研究者因其同屬女性的集體屬性，一般而言比較能與婦女建立對等的互動關係。然而這種基於姐妹情誼的信任關係，也同時使得被研究婦女處於一種更容易被利用、傷害的情境。Finch (1993) 針對女性研究者對婦女進行訪談研究過程中的道德困境所做的分析，頗值得參考。

她指出身為一個女性研究者，尤其在採用質性研究典範，以開放親切的方式對婦女進行訪談時，常常很容易與婦女建立友善關係並獲得豐富言談資料。這些資料往往包含婦女個人生活中各種層次的私密性資料，如她們在婚姻、家庭、親子、人際關係中的困境、心情感受等。而這種友善私密研究關係的建立，主要關鍵在於婦女們將女性研究者視為「女人」。當然，受訪者往往亦評斷研究者是否與社會對女人界定一致，例如，已婚及有小孩是常見的判斷標準。Warren (1988) 在論述研究場域中的性別政治時，也指出受訪者通常比較不在意男性研究者是否已婚，但女性研究者若是單身又沒有小孩，則會在場域中遭遇一些困境。

以我的教學研究經驗來看，在現階段臺灣社會，除了身為女性外，另外具備已婚並有小孩的特性，似乎是被視為「女人」的要件。在我歷年來指導論文經驗中可發現，女性研究生以婦女為研究對象時，能否被婦女視為「女人」，往往是能否獲得較深入婦女生活資料的關鍵。研究生因年齡及學生身分尚未經濟獨立，所以一般人仍不將其視為具有踏入社會生活的成年人的身分。加上大多數研究生仍是單身，因此即使是女性仍然不是很容易與婦女建立較深入關係談論性、婚姻關係、照顧關係等。曾經有一位女性研究生雖然已結婚，但在傳統實證主義研究思考上，亦沒想到透露研究者的個人背景。

然而在一次不經意的情況下受訪者得知她是已婚，結果她驚訝地發現，這些受訪的女性單親開始主動與她分享她們在與異性人際互動上的弱勢及困境，包括性騷擾——這個她想探討的研究議題，但此話題一直無法在訪談中順利開展。

而我個人從事老年婦女研究也經驗到，這些阿嬤們想知道我這個研究者有沒有小孩、與公婆同住等作為她們要分享什麼樣的家庭代間關係的內涵。然而，即使婦女們自有她們一套檢視研究者類屬的標準，一般而言，比起男性研究者，女性研究者更容易經由婦女們以「女人對女人」的聊天模式，深入獲取具有豐富個人及社會意涵的研究資料。

女性研究者所享有的此種優勢角色，當然有其正面積極的意義，使我們得以對女性主體經驗有更多的了解。但是，這種女性對女性的信任關係，也同時使被研究的婦女處於很容易被利用和操控的處境。在一個缺乏倫理約束的環境中，這類豐富私密性資料往往被反過來用來當作支持損害婦女權益行動的客觀證據。這種倫理困境特別容易發生在負責訪談的女性，並非主要研究者，對研究資料的詮釋及使用沒有控制權的情形。或者，在醫療臨床專業領域，階層低的專業往往不是全是女性，就是女性占多數，例如護士、社工人員、臨床心理人員。這些女性往往是直接提供服務者，以及醫學研究的主要資料收集者，而主要決策者則是男性為主的醫生群體。

此種形式的倫理困境在國內學術及專業服務中，尚未受到應有的重視。這種倫理困境可能產生在兩種層面上。一種層面是來自受訪婦女提供的資料，卻成為讓受訪婦女處於更不利地位的直接證據。例如，對經驗情緒困擾的產婦心路歷程研究，研究者所取得該婦女的詳細情緒面資料，可能被用來作為支持該婦女得了「產後憂鬱症」

的臨床診斷資料,導致該婦女被標籤成精神疾病或情緒困擾的患者。

　　另一層面的倫理困境,則是關切受訪者提供的資料,會不會對女性集體權益造成損害?會不會更強化了女性群體的弱勢地位?這樣的倫理思考,無法由傳統倫理論述中獲得助益。主要原因在於傳統研究倫理觀點,只將受訪者個人權益是否因研究活動而受到影響作為其關切的焦點。女性主義觀點的倫理思考,則堅持研究對象是紮根於她所生活的社會脈絡結構中。因此當我們關切受訪者的權益時,也意味著必須關切她所處的社會脈絡中的各式宰制壓迫權力關係,這些都是倫理議題的範圍。

　　我個人早期從事老人家庭支持系統研究,所面臨的倫理困境是我發現對老年婦女而言,三代同堂所勾勒的家庭圖像是她們最大的滿足;但是對年輕至中年婦女而言,三代同堂的意涵卻是辛苦及充滿衝突的。作為一研究者,我要如何看待這兩個不同世代、生活上緊密糾結的女性發自內心的矛盾與衝突?我關切這些女性,希望研究結果長遠來看,能對她們的生活適應有所助益。但是,如果我的研究是為老年婦女著想,不就忽視了身為媳婦世代的女性困擾?反之亦然。能不能避免對我的研究對象造成傷害與不利?要如何做?研究結論如何才算沒有背叛她們基於對我的信任而提供資料?由於對這倫理困境的思索,導引我開始以女性主義理論視角重新檢視我的研究方向,將這兩個不同世代女性的生活困境置於父權社會及家庭結構脈絡來檢視,從而指出這些女性的困境均源自她們在父權家庭結構的弱勢地位。

　　既然倫理議題以關切人與人之間宰制及壓迫關係為核心,了解語言、知識與權力運作的密切關係,將有助於倫理的思考。下面將由生活中語言的互動策略,以及專業知識形塑與使用,來討論研究

及專業所面臨的倫理議題。

／ 三、語言：權力的展現與抗拒

語言的使用是日常生活中不可或缺的活動，不論是說話、思考、書寫或閱讀。現代生活科技發達所帶來資訊影像傳播網絡，使得語言的使用超越了傳統物理空間的限制，也塑造更多元互動的知識權力關係。由於語言的使用是如此的必然，往往使得我們忽略了語言互動所形塑的人群之間動態關係。然而，語言的功能彰顯於其具有強而有力的影響及控制力；或者更進一步的說，語言即是權力的展現。

語言的使用是在原有的人與人關係上投入新的變數，於是新的關係需要被協商與界定。這種充滿緊張的狀態，使得我們對語言的作用有著相當矛盾的看法。一方面我們體會到語言的力量，於是有熟悉的諺語如「一言既出，駟馬難追」、「言多必失」、「沉默是金」、「話能傷人」等提醒我們謹慎地使用語言。同時另一方面我們也常聽到不要指望語言有什麼作用，它們只是說的話而已，例如，「說的比做的容易」、「只是說說而已，不要當真」、「光說不練」皆是指出語言僅是一堆字的組合，沒有實質的作用。這看似矛盾的現象正是點出語言力量的關鍵是人們本身，取決於人們如何在社會人際關係中使用，至於如何使用則牽涉到權力的運作。

平常我們很少明顯地將語言的行使視為是權力關係的運作，最常見的說詞，是將語言稱之為人際溝通的工具。溝通這個字眼比權力角逐用詞，讓我們覺得安心。於是市面上充斥著各式各樣書籍，由專家建議，到實際課程訓練，告訴我們如何在家庭、親子關係、

朋友人際關係、商業關係以及群眾關係中，以什麼樣的語言及如何使用來達到我們的目的。然而，有能力能得到自己想要的，正是權力的通俗定義。讓我們舉一般市面上以溝通為主題的書籍為例，《震撼人心的說話課：生命中最有力量的武器》、《你會說話嗎：展現個人魅力、感染力及影響力的技術》、《溝通成功術：升級你的人脈和影響力》等。這些有關如何增進溝通的論述不僅具體呈現權力運用的實質，也建構了知識──如何達成有效溝通的知識。

　　後現代思潮對事物、現象所具有意義與權力之間關係有深入探討與解析，其中特別對語言在意義的形塑及建構過程中的關鍵性角色，有許多批判性的思考。一些思想家如 Foucault、Barthes 及 Wittgenstein 等人，都指出語言並非只是現象實體的反映與呈現，或者是客觀中立的溝通工具。事實上，語言的使用即界定了它所指涉的現象的某些特定部分的屬性。換言之，當我們使用語言敘述時，這樣的行動具體顯現了我們對所敘述的情境賦予了特定的意涵，這也是學者強調語言是社會行動的實踐。例如，當我們在描述家庭婚姻關係時，常可以聽到以「男主外、女主內」來談家務分工，以「夫唱婦隨」形容家庭和樂圖像，這種言說即具現了父權意識裡不允許女性涉足公領域，以及家庭倫理關係應以男性為主控者，女性為服從配合者的從屬關係為普遍原則。

　　一旦語言對現象的指涉及界定被接受後，這些語言所指涉的意義遂反過來限制了我們對現象的經驗。因此，語言不僅形塑我們自身生活的體驗，亦經由與其他人的語言互動，影響其他人的生活經驗的建構。在科技發達的現代社會中，語言互動形式更加多元化，使得語言與權力關係運作更加緊密結合。也因為語言具有形塑權力關係的力量，於是對語言的掌控遂成為權力強勢群體的重要資源。

Barthes 稱「語言是一種由權力掌握者用來標示、界定及進行階層排序的符號系統」（轉引自 Hare-Mustin & Marecek, 1988: 445）。

　　知識本質上是語言實踐的一種形式，科學知識在這個時代更常被用來作為正當化某類行為、制度及政策的重要依據，也因此在後現代思潮，將知識與權力視為是糾結不能分離的現象。知識的建構本質上是一種政治活動，而相對於被研究者，研究者在知識建構過程中的優勢地位，亦使我們必須審慎思考科學研究知識在倫理層面的意涵。究竟科學知識是誰的知識？哪些社群掌握界定知識的優勢權？知識要用在誰身上？誰獲得最大利益？是否更強化原本不平等的社會結構？

　　Gergen (1994) 指出後現代思潮對知識霸權所展開的批判，並非全盤否認研究的正面意義，而是指出研究者必須體認所謂科學知識的真實客觀性，只是某一學術社群所認可的真實，並不是傳統觀點中適用於人類社會的普遍而且唯一原則。研究者應該開始注意在某些研究知識被建構的同時，有哪些知識體系被忽略、拒絕，以及這些認可及排拒過程在社會及文化層面的意涵是什麼，是什麼樣的社會資源分配與權力結構形塑了知識體系。

　　在這資訊傳播快速的後現代，不論研究者是否認為研究結果及科學理論成熟至可以應用到社會生活中，實際上研究社群所建構的知識語言一直在社會生活中有其作用的。人們使用這些知識來正當化某些行為，例如，對單親家庭的理論及研究知識，往往使青少年偏差行為被歸因成為家庭因素，尤其是單親式家庭結構幾乎成了青少年偏差行為主要成因。然而，我們是否也應該警覺到，為什麼很少人問，是什麼樣的教育體系環境造成來自單親家庭的青少年特別在適應上處於不利的地位？為什麼缺乏從這種觀點來探討的理論及

研究？這種知識的欠缺與從事這類學術工作的研究者，多數是教育領域的學者專家的身分，或者身為教育體系一員的立場，是否是密切的共生關係？

至少，從筆者個人在教育學術工作崗位的觀察經驗，這兩者的確有密切關係。我指的是當個人的理論、研究、教學取向與學術群體主流勢力不一致時，所遭遇到的排斥、貶抑、隔離，以及利誘等經驗，皆指出學術活動與個人所具有的特性、身分、立場是無法分割的。因此，從事學術研究活動的倫理議題思考，不能只是以傳統形式的研究倫理考量，諸如同意書、隱私權保護，不造成傷害等作為焦點，必須更進一步思考到知識本身所帶來的倫理爭議。

實證論典範影響下，科學家關切焦點在於理論是否與事實一致，或者研究結果是否符合現象真實狀況。然而，後現代思潮則明確指出並無唯一的真實存在，社會真實是多種的。因此研究者應將重心放在剖析每一種不同的社會真實反映什麼樣的價值偏好，或哪些社群、社會機構的意識型態，以及不同的社會真實的界定維護了哪些社群的利益。

以心理學研究對性別差異探討為例，多數研究皆困在幾個方向上打轉。有的企圖解釋資料所呈現的男女差異代表什麼意思？是先天或是後天社會化導致？有的爭論究竟是否有性別上差異？然而，我們應關切的乃是當研究結果強調性別差異的同時，必須同時警覺到這樣的研究很容易被用來合理化現存體制對女性不公平的對待。同樣地，一個凸顯男女之間相似性遠大於差異性的研究，雖然支持了女性應同樣享有教育、工作權，但卻也同時忽視了相同行為的對待，並不盡然代表是平等的對待（Riger, 1992; Hare-Mustin & Marecek, 1990; 女性學學會，1995）。

知識、權力與語言三者關係是密不可分的，知識被視為經由人們在言說論述的實踐中建構出來。換言之，當我們針對某議題展開討論時，知識就在這過程中形塑出來，而所有論述實踐又受權力關係運作的影響與控制。權力使某些人能界定哪些才算是「知識」、哪些不配稱為是「知識」。這些權力關係包括社會、經濟、文化、性別、年齡等。

Foucault 指出兩種重要的影響知識論述重要管道，一種是規範哪類言談是可以被允許討論的，或者在某些情況下才能論述。例如，有關性或強暴的言談，在很多社會文化是一種相當禁忌的話題，只在某些特定情形下才被允許予以探討。另一種重要控制知識形塑的管道，則在於規範誰或哪些群體才有資格予以論述。換言之，這是取得具有正當及合理性發聲權的政治過程。現代社會中，此種發言的權威性在知識的專業化表現得最為徹底。一旦取得發聲權的正當性，也意味著掌握建構知識更多的管道。

人際互動過程中，禁聲或消音 (silencing)，常被用來作為限制他人參與言說論述的權力關係的運作。閩南語有一句諺語——「小孩子有耳無嘴」，往往在大人們不允許小孩子就事表達意見時，用來告誡小孩子保持緘默。女性主義者對語言的研究一再指出，不論是個別男性或是男性作為一個群體，使女性無聲一直是父權社會中男性用來維繫並增強自身權力資源的重要手段。在日常人際交談中，消音經常是藉由談話中打斷對方，或者以不回應對方正討論的話題 (non-response) 來達成。

研究普遍顯示，在男女性混合的團體中，男性打斷他人談話的比率遠大於女性。尤其，對男性而言，如果說話者是女性時，更易有打斷談話的行為出現。這種現象雖然普遍，但往往引不起人們注

意，均視為理所當然。在筆者教學及指導研究生論文研究經驗中，不乏這樣的例子。通常在大學校園環境中，研究生與大學生在進行研究的能力上是有相當清楚的界限的。大學生一般而言，不會挑戰研究生這方面的權威。然而，就像女性主義者所指出，當我們說「一般情形如何如何時」，其實是建構在男性為主體的前提上，女性的經驗是不被納入考量的。於是乎，女性研究生即使在進行論文研究的層次上，以大學生為受訪者進行焦點團體訪談時，仍然會碰到男性大學生試圖在訪談中挑戰女性研究生的研究者權威，包括評論訪談用的錄音機應如何擺放、質疑訪談議題的恰當性等。

此處研究者是否該主控所有的研究過程，並不是我們想討論的重點。我們的目的在於提醒大家思考，是什麼樣的社會機制使得男性，即使處在一個專業知識面向而言是無知的狀態下，不僅不覺得要尊重專業者，尚能夠「很自然」的以權威者姿態來論述，只因為此時互動另一方是個女性。性別的社會建構是與權力結構緊密的結合在一起。或許，我們會認為如果女性能獲得更高階層專業認可，例如碩士、博士學位，或甚至成為教授時，那麼也許可免於此種挑戰，但果真如此嗎？

由筆者過去幾年來開設「兩性關係」課程經驗顯示，父權意識的霸權遠比我們所知覺的嚴重得多。猶記得有一年修習該課程的學生，以男同學占多數，尤其是工學院的學生。由於課程是以女性主義視角對父權意識的批判為主軸，可以預期課堂氣氛是瀰漫著意識型態衝突與緊張。其中一週的主題是「兩性與人際關係」，我先說明將以解析人際互動中的性別權力宰制為重點，就在我開始講課不到 15 分鐘時，有一位工學院男性學生以不以為然的表情舉手發言道：「老師，這些恐怕不是我們今天要上的內容！」全班靜默著看這個

「女」老師如何處理這個挑戰。

　　這個活生生的實例正顯示，當男性既得利益受到威脅時（在這個例子裡，該週課程議題正是大學生生活中切身相關的異性交往議題），對女性的論述進行挑戰、消音的舉動便扮演鞏固其原有優勢地位的重要功能。而這種對於女性主義觀點論述的消音動作是如此的肆無忌憚，平常學生所遵守的，大學教學環境的師生倫理規範忽然不發揮作用。當然，這與女性主義思潮及兩性關係課程在學術環境中被邊緣化亦有密切的關係。當時我即請問這位男性學生，他上工學院課程時，如果對男性老師上課內容有意見，他會不會也如此挑戰任課老師？──「老師，這不是我們今天要上的內容！」很顯然地，他當然不敢。

　　Lakoff (1990, 1992) 對語言的政治意涵及對言說的禁聲的功能有深入分析。她指出使人保持緘默即是令人成為無聲的人，無法對周遭的事情表達自身的意見，只能任其他人安排。能使用語言是人之所以稱為人的一重要實質內涵。剝奪一個人的言說論述權即是視此人為「非人」的一種社會行動，而這種「去人性化」(dehumanize) 的舉動正是合理化不平等互動關係的開端。當然我們也必須了解女性主體經驗被消音的現象，並不是單純由男性強加於女性的過程。毋庸置疑地，大部分時候男性以打斷、忽視女性的發言，來掌控言談空間。但是女性本身也往往是此消音行動的主動者，對她們自身及其他女性言談予以消音。因此，女性亦無法自外於此過程的建構。

　　要追究為什麼女性會參與對女性消音的建構，Lakoff 指出這與父權意識將沉靜、婉約建構成女性特質有密切關聯。於是，女性選擇取回言說權同時，意味著在父權社會所塑造出的女性自我認同必

然一併受到挑戰。如何在心理層面上，以充權方式使女性擺脫父權意識對女人的定義，形塑以女性經驗為主體的女性認同，是改善女性無聲現象值得探究的方向。

Lakoff (1992) 亦指出在公領域言談互動中，另一種常見的策略是以「拒絕反應」來達到抹滅女性經驗敘述的效果。公領域言說論述通常具有以交換訊息為互動的主要特性，有別於私領域言談往往以建立互動關係為其主要目的。此外，語言學研究指出，在私領域的言談互動，如社交活動中的交談，原則上，每個成員皆有同等權利參與談話。但是在公領域論述，參與者必須具有某種資格，例如地位、職稱或具備專門知識，才能獲得論述權。換言之，並非參與者皆可以發聲的。

我們以大學組織中最高決策單位——校務會議，來解說公領域論述的特性。校務會議成員通常由各系所教師代表組成，理論上，校務會議代表在會議中彼此的地位是平等的，會議的發言也是依照次序輪流發言，議案表決亦是每位代表有投票權。然而若仔細觀察會議論述內涵，仍可看到清楚的發聲權的掌控與限制。例如，在多數時候，職員代表可以論述的範圍往往比教師代表少很多。大學校長因其位階而擔任會議主席，亦掌控相當程度的權力，來決定哪類的意見能繼續發言，哪類的論述予以忽略，甚至消音。

下面筆者將以個人在任教學校親身經歷來解析學術環境是如何在公眾論述中，使用語言來歧視女性，以及對女性發聲予以消音，來達成維持校園學術體系中男性優勢霸權的目的。多年前學校校務會議正討論學校組織章程草案，會議中同仁皆熱烈發言。當然，校務會議教師代表以男性占絕大多數——反映了社會結構現況中教育體系階層越高，女性占的比例即相對降低的現實。會中有一位女性

教師發言提出她的看法，接著一位兼具行政主管職位，職等為教授的「資深」「男性」教師欲提出回應，於是他這麼說：「剛剛某小姐認為……」。我在會議當場真是不敢置信聽到這樣的發言。因為整個會議進行，當男性教師發言時，這些男性教師們都彼此很尊重互以「某教授」、「某老師」或「這位同仁」稱呼。當然還有「某某長」、「某主任」。

　　稱謂的選擇反映了彼此互動位階，為什麼女性教師代表在校務會議正式場合被稱呼為「小姐」？我可以感覺到當時自己的憤怒。是的，不僅認為該男性教授的舉止不恰當，而是憤怒。我想讓我憤怒的是整個事件赤裸裸顯示出即使在最高學術機構，男性霸權仍是肆無忌憚的橫行。它亦含著男性對女性的優勢控制宰制心態——是的，我知道妳是博士，妳和我一樣是學校專任教師，都是系所推選出來的校務會議代表，我們都負有任務參與校務會議的討論，同樣有投票權。但是，即使是這樣，對我而言，妳仍然是「小姐」。

　　什麼樣性質的互動場合，使用什麼樣的稱呼，實質上是具體的界定互動雙方要在什麼樣的權力位階上展開對談。然而，會議當場發生這樣的事，我確信少數人覺得很不恰當，更多數人（或應該說男性）是不覺得有問題。但誰願意發言糾正這樣的行為？在這裡，我們有一個意涵權力直接衝突的情境。在一個權力宰制階級分明的大學結構內，一級行政主管，往往掌握實際經費運用及陞遷決策權，因此在公開會議上不直接挑戰這些人的權威是一不成文的規範，違反這個規範者即是對現有權力結構的挑戰，必然會受到壓制。而這事件所牽涉的不僅是原有男性權力政治，更是深入挑戰男性對女性的宰制，因此反挫的力量是可以預期的。事件在我抗議該位男性教授不當行為後，由當事者當眾道歉並更正後，會議繼續進行。

　　四年後的校務會議，同樣的事情又發生了。這次換我成為某學院院長（又是一位所謂「資深」「男性」教授）口中的「這位小姐」。間隔四年，兩性平權教育也成為教育部推動的政策，但是我們校園中教授群的男性霸權，依然屹立不搖。兩次即席抗議的舉動，為我帶來了各式評論。包括第一次事件時有人說「被稱呼小姐的女老師並不以為意，她為何抗議？」這類評論早已為女性主義學者所駁斥，並指出「個人即是政治的」，更何況事情是發生在公開會議場合，這種不恰當行為當然是公共議題，任何關切性別歧視者皆有充分理由予以公開糾正。此外，也有人說：「她好凶」、「這樣稱呼雖不恰當，但也不用反應這麼激烈」。到第二次事件的評論有「什麼人不好惹，去惹上她」、「她就是那個教『兩性關係』課程的女老師」等。

　　這些言說恰恰印證女性主義學者所言，當女性主動抵制男性霸權對女性的宰制時，父權霸權結構慣常使用的策略，是藉由將女性爭取平等權益的行為化約為「這個女性不符合我們社會文化（其實是父權社會文化）所界定的有教養的女人該有的行徑」論述。按照這種論述邏輯，既然她不具備作為（女）人的基本要素，那麼她言說的合理性當然是值得質疑的。但是，我們為什麼聽不到對這兩位始作俑者的男性資深教授的質疑？為什麼以他們的學術涵養，會做出如此明顯歧視女性的行為──也是一種違反學術倫理的行為。

　　事後看來我當時處理的焦點，是在抗拒個別男性在公領域論述對女性的歧視。兩位男性皆當場道歉，事後應該也就過去了。然而我卻一直很困惑，我們是處在什麼樣性質的學術文化環境裡，會使這類事情一再發生，恐怕不是以個別男性的不恰當行為就能解釋的。正當我困惑思索這件事的政治意涵時，一位同事隨口一句問到：「校長有什麼反應？他怎麼處理？」使我頓悟到必須以男性集體霸權視角

來了解這樣的現象。這兩件事件發生，歷經兩任「男性」校長主持會議。兩位校長在會議當場都不約而同的以「不予處理」、「不予評論」方式來處理。我的抗議除了當事男性教授的一聲「我道歉」外，沒有引發任何人（尤其是作為會議主席的校長）的任何反應或評論，大家若無其事，會議繼續進行。

　　換言之，當男性的優勢地位受到威脅時，作為主席的男性校長以「沉默」、「拒絕反應」來維護男性集體的優勢地位。這正是Lakoff (1992) 所強調的，在公領域的拒絕反應 (public non-response) 是消音禁聲的一種強而有效的形式。同時亦是一種騷擾，因為它意涵著：「女人，不僅妳不屬於這裡；確實，妳不在這裡。」(Lakoff, 1992: 349)。這樣的經驗提醒我們，要抗扭公領域消音的權力宰制，必須批判其集體形式的霸權結構。換言之，類似的事件，至少要求作為主席者予以正視並作恰當的處理，以及要求列入會議記錄，才能暴露其男性集體共犯結構本質。

　　公領域論述對父權體制壓迫女性現象的沉默，是一普遍存在的事實。例如，與性騷擾及強暴相關議題，往往是很多人都知道，但是不允許公開論述。不要忘了，性騷擾及強暴的受害者絕大多數是女性，而加害者則大多是男性。直到現在，我們大學環境中，性騷擾受害者尋求學校行政體系支援時，最普遍的反應是要這位女性反省她的行為是否恰當、有沒有得罪別人等。所有校方的反應皆將矛頭指向受害者，包括知會學校輔導中心、約談等，好像受害者是問題所在，加害者成為隱形人物。如果這位女性的要求是阻止加害者的騷擾行為，往往校方的反應是「沒有反應」，受害者只有自求多福。

　　同樣地，婚姻暴力不僅是無法成為公眾關切的倫理議題，即使

在私領域中也是被以「這是家務事」拒絕介入。這是值得我們深思的現象，是什麼樣的道德倫理觀念，使我們可以無視於一個人對另一個人施加如此暴力行為。為什麼只因為加害者與被害者有婚姻關係，就能為所欲為，而周遭的人則袖手旁觀。這豈不正顯示了我們其實是「默認」婚姻關係實質是以男性對女性的宰制為基礎？此處默認含有兩層意思，一方面不能公開認可婚姻關係性別宰制實質，因為這違背我們認為的做人的道理；然而，也不願放棄男性既有權勢，於是對婚姻暴力的漠視遂成為一個有效的策略。

╱ 四、知識／權力

　　經由了解言說禁聲與權力操控的密切關係，可以豐富我們對倫理議題層面的思考。當研究者以居權力弱勢地位的受害者為研究對象時，如何看待研究倫理？我們能以遵守傳統倫理式的準則，如同意書及保密性而滿足嗎？如果研究不能對研究對象所處的權力結構困境提出批判反思，以及尋求權力結構改變的策略，研究者還能正當化學術研究存在的價值嗎？研究社群必須反思，我們是否利用了權力弱勢的被研究社群，來建造我們的學術位階？怎樣才能避免？專業領域工作者，也同樣面臨挑戰。

　　太多的現象顯示，專業及研究社群對權力宰制結構的不敏感及不重視，往往使得專家及研究社群成為維護霸權的共犯結構而不自覺。例如，過去幾年內，婦女人身安全議題總算爭取到公領域論述發聲空間，然而接下來的發展卻是令人憂心的。我們觀察到越來越多在媒體上的論述，引用專家的知識權威，亦使用關懷婦女權益的語言。然而仔細分析論述中的權力關係，往往落入「責怪受害者」

的弔詭，再次強化了婦女被壓迫的弱勢地位。曾有一篇以強調「性侵害防治」的媒體論述為例，「根據警政署的統計，去年……性侵害案件提高了 14%，然而，其中成立達到判刑的僅有 1/5，主要是被害人在事後不知道如何保留證據，中央警察大學教授黃富源認為，國內婦女在性侵害上普遍缺乏自我保護的知識，……」(《中國時報》，1998 年 2 月 7 日)。

通篇論述焦點放在指責婦女的無知，不懂得使用相關醫療緊急安置措施，改善之道，也是受害婦女要按照政府及專業的建議來行動。但是，這樣的論述完全漠視緊急醫療體系及警政系統對受害婦女求救的拒絕及不友善的現實狀況。此外，我們也看不到專家對司法及警政制度的批判檢討，到底受害婦女要「保留」多少證據、「保留」多久，我們的司法制度才會認為是足夠？性侵害是權力宰制行為，受害者是權力弱勢的一方，然而，我們卻看到專家的論述，是經由宣稱婦女不懂自我保護的知識，進行另一類型的權力宰制，這正是後現代理論視角所指出的專業知識所具有的霸權本質。這也是身為專業研究者必須嚴肅面對的倫理問題，專業研究者是否已成為霸權結構的共犯而不自覺？

近年來臺灣社會專業化趨勢明顯可見，在這一波專業化趨勢中，越來越多平常生活中必然會遭遇到的各式各樣的生活問題，逐漸轉變成需要具備專業知識才能處理。而民間原有的為了處理這些問題所累積的多元經驗知識體系逐漸被排斥，代之而起的是由一套少數人才懂的語言，所建構出來的所謂「專業知識」。

「專業」一詞在社會所建構的圖像，除了有特殊知識技術外，還經常含有公正及不謀求個人私利，而且為人群服務的道德意涵。但是，批判社會理論指出專業之所以成為專業，主要並不在於其所

擁有的特殊知識或理論技術的正確性或有效性。而是在於它能成功掌控對某些生活現象予以論述的威權。換言之，專業者一方面藉由各種方式增加專業論述的正當性，另一方面，則藉由打擊貶抑其他論述的正當性來獨占市場。

由於科學知識本質上是一在實驗室操控所得工具性知識，對現象發展出一套因果論，進行可靠的預測，這種特性使得專業面臨資訊流通所帶來的威脅。既然是有條理，系統科學知識的應用，那麼非此專業者，只要依這些知識，亦可以進行專業者作的工作。面臨這種威脅，專業所發展出的策略則是一套不同而且繁複的語言系統，營造專業知識的複雜度及專門性形象，使知識取得管道充滿層層關卡。

例如，在疾病診斷分類，當醫療專業知識找不出可以解釋的致病原因時，通常稱為「原發性疾病」，如原發性高血壓；另外醫學專業常見的往往將不明原因所引起的病變，稱之為「遺傳因素」引起，「基因」影響。「基因」、「遺傳」是生物科學的名詞，醫療專業使用這個語言來凸顯其科學權威性，巧妙地掩飾了醫學專業對病人身體不適狀況的無知。

如果醫療沒有產生預期的療效，常見的說詞，是醫生對病人說，每個人「體質」不一樣。國內醫學專業領域對婦女健康議題論述，我們也可以看到「荷爾蒙」是經常被用到的，聽起來很科學的字眼。例如，產後憂鬱症在國內精神醫學論述中，歸諸於是婦女因生產體內荷爾蒙大變化造成。但到底如何變化？牽涉哪些荷爾蒙？多大的變化才算大變化？卻不見醫學專業提出相關佐證。我們知道產後憂鬱症作為精神疾病及情緒困擾分類的一種，其診斷並不是以荷爾蒙濃度變化為依據。

Turner (1995) 以醫療專業為例指出，專業必須維持某種程度專業知識不確定性 (indetermination of knowledge) 才能保有自身專業地位，不被取代。因此，專業知識必須建構成具有某種程度神祕性，若不是具有特定資格專業者是無法了解這些知識。於是當醫療專業在推廣醫療健康知識的科學可靠性以擴增專業的市場時，總會同時提醒民眾，每人狀況不同，不可自己擅自處理，應及早就醫。

五、醫學倫理

醫療科技所引起的倫理問題亦越來越嚴重，然而，專業及社會菁英社群在推廣專業知識及技術同時，很少就其引發的倫理問題，加以探討。更令人憂心的現象是，一旦倫理爭議性議題取得進入公領域論述機會時，菁英社群經常掌控論述空間，弱勢群體以及一般市民的聲音很難獲得媒體同等重視。茲以代理孕母議題的公領域論述來解析倫理、性別、階層、醫療專業與權力宰制間關係。

1996 年母親節前夕，兩位不孕婦女在幾位立法委員及治療不孕症婦產科醫生支持下召開記者會，要求將代理孕母合法化。報紙如此報導：「如果我們是你的女兒、你的妻子，你救不救我們呢？明明是老天爺犯的錯，為什麼要由我來承擔？這些痛苦的呼喊來自國內一群沒有子宮或子宮發育不良的不孕婦女。她們選在母親節前夕公開露面，痛訴無法當母親的悲哀，並強烈呼籲相關單位正視代理孕母的需要」。同一版面以治療不孕症聞名的婦產科醫生劉志鴻為這些不孕婦女抱不平道：「她們有什麼錯？不過是少了一個子宮！」（《中國時報》，1996 年 5 月 10 日）

值得注意的是，兩位召開記者會不孕婦女，其中一位本身即是

具有相當地位的專業醫療者，她也是主要的發言人；另一位不孕婦女則不願具名，戴著墨鏡出席。同樣是不孕婦女，但是社會階層差異凸顯了代理孕母合法化論述，是由社會菁英者來掌握發言權。不只如此，這些論述以訴諸社會大眾對女人當媽媽的人性需求為重點，其實人性考量訴求也就是道德的訴求。然而，弔詭的是我們觀察到爭取代理孕母合法化的菁英階層，所使用的語言卻將人性與道德作了不同的界定，並賦予不同的道德價值。

在一篇以〈別剝奪想做媽媽者的權利〉為題的報導中如此寫著：「……反對它合法化的人常太泛道德化，那只是因為他們不了解需要代理孕母者的痛苦，請從人性面來考量這個問題」（《聯合報》，1997 年 6 月 9 日）。後現代思潮對言說的分析提醒我們，注意言說為誰的權益服務？誰的權益被貶抑？代理孕母合法化的倫理爭議主體是孕育胎兒的女性的基本人權，然而，我們看到國內這一波代理孕母倫理爭議，所呈現的主要是以社會菁英階層為主（包含推動合法化菁英階層女性、婦產科醫生、衛生署、司法界以及媒體），將倫理爭議焦點由代理孕母女性轉移至不孕婦女本身，並意涵了反對代理孕母合法化，即是剝奪不孕婦女的權益，完全漠視在目前的社會結構中，會成為代理孕母的群體，實質上是社會弱勢與邊緣群體。

這種階層及性別的雙重剝削本質，在父權意識、醫療及法律專業利益考量下被隱形化。女性主義者曾指出，父權宰制經常使用女人對抗女人的策略，來維護其既得利益。我們試以群體論述中不孕婦女痛陳她們的遭遇，來解析父權社會對女性的壓迫，以及不孕婦女所處社會階層如何形塑出不同的壓迫宰制關係。

根據媒體報導，此位本身亦為醫療專業者的不孕女性，對因為無法生育所經歷的痛苦有如下描述：「越來越懂事，越來越痛苦，幸

運的是，她的男友、現在的先生並沒有被嚇跑，但礙於長輩的壓力，他們瞞著公婆結婚。二十年來，……有過無數的內心掙扎，曾想做婚姻的逃兵，也甚至有過輕生的念頭……。」讓我們再看召開記者會兩位不孕婦女中的另一位，她不願具名，戴著墨鏡出席，顯然比起另一位女性，她是處在相對弱勢社會階層，同一天的報導如此描述她的經驗：「同樣是先天子宮發育不全，但她面對愛情卻經歷無情的創傷，男友得知她無法生育後，只說，我不能娶妳，但妳可以當我的小老婆。」(《中國時報》，1996 年 5 月 10 日)

這些生活經驗敘述，具體呈現了父權社會對女性的壓迫。父權意識先建構了女性必須當媽媽才配成為女人的價值觀，當這樣價值信念如此綿密的交織在女性成長過程後，男性可以隱身在幕後坐收成果。在某些狀況下，明顯的壓迫手段不見得是必要的 (Glenn, 1994)。例如，其中當事者不孕婦女即承受「因為無法生育，甚至想結束自己的生命」的痛苦，或是「……面對先生的罪惡感，面對公婆的壓力……」(《聯合報》，1997 年 6 月 8 日)。

然而，為什麼在這一系列論述中，我們看不到挑戰父權宰制壓迫霸權的論述？為什麼我們不質問，到底我們所生活的是什麼樣的野蠻社會？我們如何看待人性及倫理道德？居然會使活在這社會中的女人只因為無法生育，就得承受這些精神折磨、充滿罪惡感，甚至想自殺？

我們也可看到，社會菁英階層的身分，為這位不孕女性困境增加了抗拒父權體系下婚姻中男對女宰制關係的力量，所以她能協商維持住婚姻關係。然而，另一名處於相對階層弱勢，不願具名的，同樣是不孕婦女，則沒有如此足夠資源，得以協商社會認可的婚姻關係；不僅如此，還被告知可以當「小老婆」。後現代視角對語言的

解構指出言說互動的權力關係解析，除了要注意說了什麼之外，更重要的是探究遺漏了什麼？為什麼遺漏？往往遺漏不談的，正是權力宰制運作的關鍵之處。

在代理孕母合法化事件中的最主要關鍵人——不孕婦女的先生，卻是個無聲者。大家心裡有數，不孕之為問題，是來自中國文化父權社會中的傳宗接代的價值觀，傳的是男方的家族。我們卻看不到這個最重要的主角（男性，不孕婦女的先生），對這個議題的論述。例如，男性如何看待太太因不能生育，而充滿罪惡感，想自殺？當然，其中一個可能的原因是這些身為先生的男性，很多時候是以「行動」來表達——過著有著多重性伴侶的婚姻生活，或結束原來婚姻關係。但是，這種方式對某些菁英階層的男性而言，或許是另一種道德倫理的困境。於是，推動代理孕母合法化，遂成了社會中上階層不孕夫婦，利用及剝削社會弱勢女性權益，來解決他們自身的倫理困境的手段。

接下來，讓我們檢視專業在這一系列論述中，如何運用其專業威權地位，運用科技及助人的語言修辭，來更進一步擴張自身專業利益及領域。語言的使用，界定了指涉現象性質及其價值與道德性。參與這論述的專業以婦產科醫生為主，尤其是以治療不孕症的醫生群體，以及法律方面的專業。這些專業一方面藉由「技術性用語」使用，不僅建構出專業「公正無私」立場假象，而且模糊了代理孕母合法化倫理爭議焦點。在媒體出現的醫學專業論述，極力肯定生殖科技的發達，可以替不孕婦女造「生」機（《中國時報》，1996年5月17日），將生殖科技視為是解決不孕問題的首要功臣。胚胎受精到著床的技術性語言，建構了生命孕育重點在生殖科技運作階段，子宮只不過是個暫時停留之處的圖像，刻意模糊了生命孕育是紮根

於一個活生生的女性身體有十個月之久。

　　在這種醫療專業霸權論述影響之下，也就不難了解為何一位失去子宮的女人會激動而無奈地用「租借房子」做比喻，表達希望國內早日開放代理孕母的心情，她說：「我無法為我和先生愛的結晶（受精卵）提供可以居住的『房子』，但是至少讓我有機會去租借房子吧！總不能連租『房子』的機會都不給我，要我花大筆錢去國外找『房子』住……」（《自由時報》，1997 年 7 月 14 日）。

　　對醫學的批判理論早已指出，以男性為主的醫學專業，如何藉著生物科學知識，將女性身體健康自主權予以剝奪，並取而代之成為婦女健康議題的掌控者。例如，生產由原來以自然生產及女性治療者為主，成為現今幾乎每一位婦女生產必須由醫生接生的歷史演變 (Riessman, 1983)。醫學專業知識不僅塑造了醫學專業的掌控權，也同時藉由科學的中性語言，巧妙地將醫學專業在掌控人們身體健康過程中可能的風險，轉嫁由病人來承擔。讓我們以臺北地方法院，援用《消費者保護法》判定馬偕醫院必須對「肩難產」婦女賠償事件為例，來檢視醫學專業如何使用語言，來達成免除承擔責任的目的。

　　根據醫學界的說法，「肩難產」是如此界定的：「肩難產是指分娩時胎兒肩部卡在產道，它的發生率……約占生產個案的 2‰ 至 2‰ 之間，……原因主要在於產婦產道狹窄或是胎兒過大……」（《自由時報》，1998 年 1 月 14 日）。發生率的統計用語塑造了現象自然決定論的假象，讓人們產生自然就會有這麼多肩難產比例的錯覺。但我們知道專業對發生率統計仍然是回歸到實際醫療成果來推估的，換言之，發生率即是反映了醫療專業的失敗率。同樣地，肩難產原因依醫學定義，不是產婦的責任（產道太窄），就是胎兒的錯（太

大）。但是，醫生有沒有具備足夠的由產道進行接生能力，來處理胎兒肩部卡在產道的狀況，則完全不在醫學專業的「肩難產」的定義中。一旦我們接受了醫學上對肩難產的定義，在肩難產醫療糾紛中，醫生於是順理成章地成為無過失的一方。

科技進展使得臺灣醫療專業權力由掌控生產過程，更進一步試圖成為代理孕母整個懷孕期生活的主要掌控者和仲裁者。這種以社會控制者自居的意識型態，由下列論述例子可以明顯看出。

人工生殖專業者表示：「代理孕母管理問題牽涉的層面相當廣，技術上面臨問題至少包括胎兒異常如何處理？代理孕母若發生妊娠毒血症，到底要流產救孕母，還是保住胎兒？……」（《中國時報》，1996 年 9 月 18 日）。不僅懷孕過程要掌控，連代理孕母的動機也在控制範圍，人工生殖專業者認為：「國內若開放代理孕母，首要前提應是以非商業性做法為優先，使代理孕母借腹生子動機單純化，純粹從自願性協助出發，而非看在錢的份上借腹生子」（《自由時報》，1997 年 7 月 14 日）。

在上述言說中，也呈現了「金錢」語意修辭在孕育生命議題的不協調性。在人工生殖專業、不孕婦女，以及代理孕母三個群體彼此權力宰制關係中，顯然代理孕母是最弱勢的，是被規範管理的對象。但因為她是孕育生命的主體，在道德上是神聖的，所以眾多論述雖有各種不同理由，卻都是一致認為孕母不能為了「金錢」來代孕。相對而言，不孕婦女則被允許以間接方式，談論金錢在獲得子嗣的角色，如租房子、負擔營養費、醫療費用等。相關論述中也提及不孕婦女在這過程往往要花費很多錢。

另外一個不談「經濟獲利」的是，掌有最大權力及利益的人工生殖醫療群體。不孕婦女為解決生子問題的經濟花費，有很大比例

是流入醫療專業，並非代理孕母。人工生殖醫療專業不僅有權力可以不談自身在這過程的獲利，反而以威權者姿態要求弱勢一方代理孕母不能為金錢獲利代孕。這種現象引發我們思考，什麼是道德？什麼是倫理？如何看待權力結構與倫理議題？

醫療專業如此，法律專業及國家公器的衛生署及司法體系，同樣是專業霸權展現。《聯合報》1997 年 6 月 8 日報導，衛生署人工生殖技術諮詢委員會開會，討論司法院大法官戴東雄草擬的《人工協助生殖法》，因事涉敏感，衛生署以極機密方式進行，相關資料也都保密。一個具有重大倫理爭議的政策擬定，可以將民眾排拒於論述過程，認為民眾沒有足夠資格進行倫理的判斷，這正是後現代國家政權對民眾禁聲的獨裁行動具體化。當關係社會人眾生活的倫理議題爭議，成為極少數菁英專業群體及政治人物才有資格論述的時候，就構成了霸權宰制的關係，這種行為已經是違反了倫理本質。

八、結　語

倫理議題的檢討與反思，是社會研究者及專家領域工作者應盡的責任。人與人之間平等互動關係是倫理議題思考的根基，如果人與人之間的互動形成壓迫與宰制關係，我們便急迫需要重新檢視違反倫理本質的權力結構。女性主義學者視終止性別壓迫及不平等 (sexual oppression and injustice) 為人類社會在道德上應有的責任。因此，對倫理的思考，必然無法忽視女性主義對性別權力宰制的論述。換言之，缺乏女性主義視角的倫理論述，是一種殘缺不全的倫理論述 (Frazer, Hornsby & Lovibond, 1992)。這就好像教育部不願正視目前教育政策及體制，是一個充斥著性別歧視與宰制的結構，也無意

進行改革。當教育政策不以性別平等為其本質，還能稱為「教育」政策嗎？在教育政策以性別歧視為常態時，然後再成立一個所謂的「教育部性別平等教育委員會」，又如何能建立不具性別歧視的學校教育及社會文化環境？只是宣示作用遠大於實質作用而已。

　　在後現代社會中，語言、知識與權力三者關係緊緊糾結在一起，建構我們的社會生活，研究者及專業者必須了解及正視知識的建構即是權力展現的過程。知識經由言說實踐過程所形塑出來的，同時也反過來成為言說的基礎。在目前以專業化為潮流的社會中，專業者更必須培養自我反思的能力 (reflexivity)，系統性地分析及批判不同的知識論述體系與社群權力結構之間的互動關係，並進一步以行動來改善不平等的權力宰制關係。

參考文獻

中文部分

女性學學會 (1995)，《台灣婦女處境白皮書：1995 年》，臺北：時報文化。

《中國時報》(1996 年 2 月 7 日)，〈五分之四狼人〉。

《中國時報》(1996 年 5 月 10 日)，〈不孕婦女籲借腹生子合法化〉、〈找子宮的女人，悲情誰知〉。

《中國時報》(1996 年 9 月 18 日)，〈觀念一大突破，技術一大難題〉。

《民生報》(1997 年 11 月 8 日)，〈臺大產檢 C 肝：以研究為名，何以收費?〉。

《自由時報》(1997 年 7 月 14 日)，〈開放代理孕母，情理法須兼顧〉。

《自由時報》(1998 年 1 月 14 日)，〈馬偕擬上訴，醫界將聲援〉。

《聯合報》(1997 年 6 月 8 日)，〈代理孕母合法化，跨出第一步〉。

《聯合報》(1997 年 6 月 9 日)，〈陳昭姿：別剝奪想做媽媽者的權利〉。

嚴祥鸞 (1997)，〈訪談的倫理和政治——女性主義社會學者的自我反思〉，《婦女與兩性學刊》，第 8 期，頁 199–220。

英文部分

Barn, R. (1994). "Race and Ethnicity in Social Work: Some Issues for Antidiscriminatory Research," pp. 37–58, in B. Humphries & C. Truman (eds.), *Re-thinking Social Research*. Aldershot: Avebury.

Camerson, D., Frazer, E., Harvey, P., Rampton, M. B. H. & Richardson, K. (1992). *Researching Language: Issues of Power and Method*. New York: Routledge.

Finch, J. (1993). "It's Great to Have Someone to Talk to: Ethics and Politics of Interviewing Women," pp. 166–180, in M. Hammersley (ed.), *Social*

Research: Philosophy, Politics and Practice. London: Sage.

Frazer, E., Hornsby, J. & Lovibond, S. (eds.) (1992). *Ethics: A Feminist Reader*. Oxford, UK: Blackwell.

Gergen, K. J. (1994). "Exploring the Postmodern: Perils or Potentials?" *American Psychologist*, 49: 412–416.

Glenn, E. N. (1994). "Social Constructions of Mothering: A Thematic Overview," pp. 1–29, in E. N. Glenn, C. Chang & L. R. Forcey (eds.), *Mothering: Ideology, Experience, and Agency*. New York: Routledge.

Hare-Mustin, R. T. & Marecek, J. (1988). "The Meaning of Difference: Gender Theory, Postmodernism, and Psychology," *American Psychologist*, 43: 455–464.

Hare-Mustin, R. T. & Marecek, J. (1990). *Making a Difference: Psychology and the Construction of Gender*. New Haven, CT: Yale University Press.

Lakoff, R. T. (1990). *Talking Power: The Politics of Language*. New York: Basic Books.

Lakoff, R. T. (1992). "The Silencing of Women," in K. Hall, M. Bucholtz & B. Moonwomen (eds.), *Locating Power*, 2: 344–355.

Lather, P. (1991). *Getting Smart: Feminist Research and Pedagogy with/in the Postmodern*. New York: Routledge.

Lincoln, Y. S. (1990). "Toward a Categorical Imperative for Qualitative Research," pp. 277–295, in E. W. Eisner & A. Peshkin (eds.), *Qualitative Inquiry in Education: The Continuing Debate*. New York: Teachers College Press.

Pitcairn, K. (1994). "Exploring Ways of Giving a Voice to People with Learning Disabilities," pp. 59–81, in B. Humphries & C. Truman (eds.), *Re-thinking Social Research*. Aldershot: Avebury.

Ravn, I. (1991). "What Should Guide Reality Construction," pp. 96–114, in F.

Steier (ed.), *Research and Reflexivity*. Newbury Park, CA: Sage.

Reason, P. (ed.) (1994). *Participation in Human Inquiry*. London: Sage.

Reinharz, S. (1992). *Feminist Methods in Social Research*. New York: Oxford University Press.

Riessman, C. K. (1983). "Women and Medicalization: A New Perspective," *Social Policy*, 14: 3–18.

Riger, S. (1992). "Epistemological Debates, Feminist Voices: Science, Social Values, and the Study of Women," *American Psychologist*, 47: 730–740.

Ristock, J. L. & Pennell, J. (1996). *Community Research as Empowerment: Feminist Links, Postmodern Interruptions*. New York: Oxford University Press.

Sherwin, S. (1993). "Ethics, Feminine' Ethics, and Feminist Ethics," in D. Shogan (ed.), *A Reader in Feminist Ethics*, chapter 1. Toronto: Canadian Scholars' Press.

Sherwin, S. (1996). "Feminism and Bioethics," in S. M. Wolf (ed.), *Feminism & Bioethics: Beyond Reproduction*. New York: Oxford University Press.

Silverstein, L. B. (1991). "Transforming the Debate about Child Care and Maternal Employment," *American Psychologist*, 46: 1025–1032.

Steedman, P. H. (1991). "On the Relations between Seeing, Interpreting and Knowing," pp. 53–62, in F. Steier (ed.), *Research and Reflexivity*. Newbury Park, CA: Sage.

Stringer, E. T. (1996). *Action Research: A Handbook for Practitioners*. London: Sage.

Truman, C. & Humphries, B. (1994). "Re-thinking Social Research: Research in an Unequal World," pp. 1–20, in B. Humphries & C. Truman (eds.), *Re-thinking Social Research*. Aldershot: Avebury.

Turner, B. S. (1995). Medical Power and Social Knowledge (2nd ed.). London:

Sage.

Warren, C. A. B. (1998). *Gender Issues in Field Research*. Newbury Park, CA: Sage.

Wilkins, L. T. (1979). "Human Subjects－Whose Subject?" pp. 99–123, in C. B. Klockars & F. W. O'Connor (eds.), *Deviance and Decency*. Beverly Hills, CA: Sage.

第五章

參與式研究：從研究方法來解決知識權力的不平等

胡幼慧

- 學歷：美國伊利諾大學芝加哥校區社會學博士
- 經歷：國立陽明大學衛生福利研究所副教授
- 專長：發展理論及本土為重心的社會流行病學、心理衛生、兩性研究、老人研究、女性健康、參與醫療照護體系研究

　　「研究」，是生產知識的合法途徑，研究的倫理問題所牽涉到的，不只是規範個別的「研究者」的行動，而更應關注整個「知識」生產和消費體系的不公平問題。為了對抗「知識」市場的不公平運作，「另類」的知識生產典範也就因應而起──「參與式研究」(participatory research) 便是其中重大的改革另類之一。

　　「參與式研究」的參與，所指的不是「研究者」的參與，而是「被研究者」的參與。這兩者之意義顯然是十分不同，Hall (1993) 曾針對「參與式研究」的定義，根據不同作者的說法，做了下列的整理：

1. 參與式研究是一種試嘗將「被研究者」視作「研究員」來對待的研究模式。研究便是由傳統所謂的「被研究者」本身之意願為出發，針對他們日常生活的難題，求取答案（或解決之方法）的知識建構過程 (Tandon, 1988)。

2. 參與式研究是研究人員與「被壓迫者」為了促進社會變革所進行的一種合作行動 (Maguire, 1987)。

3. 參與式研究的最終目的，是在生活工作的扮演過程中去解放「知識」與「政治」的權力 (Fals Borda & Rahman, 1991)。

4. 參與式研究之意圖在於打破研究者與被研究者間之區隔、主觀與客觀知識之間的藩籬，並經由被研究者的參與來獲得和創造知識。除此之外，在此過程中亦能同時發展出共同意識和行動之動員力量 (Gaventa, 1988)。

5. 參與式研究，旨在將知識的合法性還給民眾──即民眾是有能力經由其生活的驗證體系來「生產」知識、運用它，並使它成為行動之指導原則 (Rahman, 1991)。

　　「學術界」在此另類知識建構體系的研究過程中，扮演什麼角

色呢? 顯然地，這類研究典範直接挑戰了大學（或研究機構）之研究主導地位。尤其是針對社區、婦女及社會邊緣人群的研究，研究者和被研究者之權力結構有了「大轉彎」。參與式研究的研究者和被研究者關係，轉成合作關係 (collaborator)。

這種合作關係，不僅是出現在資料的收集和知識的創作過程，更牽涉到「學術」知識市場（如論文發表、著書出版、研討會議，及與研究相關的升等、研究獎助、學術社群的聲望等）的政治經濟結構和過程。換言之，「參與式」研究不僅是個別研究者對某一研究典範的選擇和投入，而可視作一種知識上的社會運動，是一種對「學術界」宰制知識的權力結構的轉化 (transformation)。這個轉化力量的核心概念，便是「充權」。「參與式研究」便成為人們經由「充權」來改變「不符合倫理」的知識市場運作，並因研究的參與而得以產生「有效行動」，以改善自身生活的途徑之一。

一、知識與權力之間

知識就是力量。但知識與權力之間有著複雜的關係，探討研究倫理，不能不了解整個知識市場「權力不平等」的來源——其「產、官、學」的政治經濟體系、社會政策評估研究的政治運作，以及新的專業掌控問題。

㈠「產」、「官」、「學」金三角：「知識」的政治經濟學

在農業時代，誰擁有土地，誰便有權；在工業時代，誰擁有資本，誰便有權；到了後工業時代，誰擁有知識權威，誰便有權。「知識便是力量」，今日的戰爭，幾乎是資訊的戰爭，誰掌握了資訊的管

道、論述的合法空間和詮釋的權威地位，便擁有操縱民意的力量。在以「民意」為基礎的政治、科技為導向的經濟體制下，「專家」(expert) 的知識權力，便在「公共政策」和「社經發展」上凸顯出來。

在後工業的社會中，專家知識 (expertise) 領導著這所謂的「資訊年代」(the age of information)，而知識（或研究）的生產和消費，更成了一大產業。知識的生產主要來自「大學」，而大學的研究又往往是在「官方」和「企業」贊助下進行的——即成為「產」、「官」、「學」的金三角。這種知識的政治經濟結構，往往在「科學」的宣稱下，被嚴密地掩飾住了 (Gaventa, 1993)。

「專家知識」的問題和權力機轉在哪兒呢? Gaventa (1993) 認為專家知識最大的問題不在知識本身，而是知識「控制」。首先，他們可以決定哪些「知識」可告知、告知誰、何時告知及如何告知。其次，專家常在社會衝突的時刻，擁有定義和詮釋社會問題的權力，而其定義（特別是科技部分和方法上之否證模式）常成為政府不反應問題（或拖延反應）、維護「產」、「官」之利器。在此關鍵時刻，民眾已親身經驗到的「經驗知識」，反而「無效化」、「無關化」。第三，專家知識再進一步可經過「制度化」成為複雜的法律、細密分工的學科部門，和合乎法律之行政步驟。

因此，當民眾有了問題、提出需求和尋求解決之際，便遭遇到「制度」的主宰（如一切得按合法之手續一步一步輾轉碰壁），更無參與、決定、創造和發展的權力。民眾希望經由此「系統」來解決其所遭遇的問題，幾乎「無門可入」，仍是個人的問題，和「政治」無關。

所謂科學和技術的「專家知識」往往並非來自「經驗」，與民眾

生活上的問題更是「脫節」，但是這種「與大眾需求脫節」的專家知識仍舊在製造和擴張，而且這些「專家」的合法權力，更經由媒體、學校和家庭社會化過程，成為一種「文化迷思」。專家知識的主宰和民間知識的繳械，終會成為一種比政經結構更牢固的文化信念 (belief)，造成不對等政經結構下的知識生產和消費的「文化結構」。在人們普遍爭取民主和抵制不平等政經運作的現今社會，「知識」的不平等運作，仍未受到充分的挑戰。

㈡權力、政治與倫理：詭異的政策評估

　　政策研究或方案評估研究中，因政治權力的介入而違犯研究倫理之事亦極為明顯。因為「評估研究」本身就是政治決定 (political decisions) 的產物，有著對當前政治決策的「政績」評價的「政治作用」(Weiss, 1993)。政治力也就成為「評估研究」的知識生產和消費過程中，「無所不在」的力量了，為了政治利益而致評估研究「被濫用」的情形，也就成為研究倫理的關注點。Patton (1997) 針對此做了一番整理，其中包括對被政治化的適切性問題、內部評估者面臨的壓力問題、自私自利的問題、意識型態的問題，以及大家都知道的「執政者不會將負面的評估結果公諸大眾」的普遍現象。之後，Patton 將濫用（或誤用）分為三種議題：

1.「誤用」並非「使用」程度的另一端。評估研究的使用至少可分兩個層面來談：一個是「用／不用」層面，一個是「不用／誤用」層面。事實上，對民眾而言，不用和誤用評估研究的問題都很大。
2.當「評估研究」的用途增大時，「濫用／誤用」的問題也同時增大。
3.誤用和濫用的問題不同，誤用可以被更正，而故意濫用的問題，

則不但防範和處理的困難度高，且應該「優先」處理。

4.應讓各式各樣的使用者 (user) 了解到，「參與」評估研究是「防範權力濫用」的最佳方法。

　　換言之，濫用／誤用評估研究的問題被重視後，研究倫理便轉向使用者為主導的倫理 (ethics of being user-focused)。例如，Chelimsky (1995: 54) 直截了當地指出「評估研究就是要將事實告訴『不想聽到實情』的人」，而 Scriven (1993: 30) 也指出：「不在評估研究中討論此倫理議題是違反倫理的」。到底誰是真正被政策（或方案）影響的人或團體（又稱原定使用人，primary user)? 這些使用人如何形成「權益相關人士」(stakeholder)? 如何與「權益相關人士」合作？便成為評估者的關注重心。

　　這種研究倫理的提出，令許多原本被「執政者」僱用、為「政治家」背書的評估研究者，面臨「兩難困境」。忽然間，這些傳統評估研究者要面對權力說出實情，便成為一危險的工作——這不但涉及權力上的關係，還牽扯到「金錢」。既然「讓付費（研究經費）者高興」是真正的問題所在，那麼付費的是來自上面的主管，抑或是消費大眾，當然會對評估者的「投入」和衝突，有決定性的力量 (Patton, 1997: 362)。這也就是評估研究轉型——由工具性典範轉向使用者中心評估 (utilization-focused evaluation) 的權力重組的倫理考量基礎。

(三)社會問題的專家掌控：新的困境

　　當一個國家走向福利國家的同時，定義和解決社會問題，便成為新的「知識」市場和專家主宰的空間；而建構社會問題的專家，其意識型態和知識典範，主宰了社會的認知和集體介入的模式

(Gusfield, 1989)。這些「專家」的知識主宰，不但限制了解決「問題」的方向，且可傷害民眾的權益。

例如，同性戀在某些社會可能被視為「不正常」。而所謂的「不正常」，在某些社會，可能被定義為「犯罪」，在另一個社會則成為「精神疾病」。此時，專家（神職人員、犯罪學家或精神醫師）便主導了「定義問題」和「介入處理」的方向。近年來，「精神醫學」專家已成了界定犯罪之專家，他們同時開始界定所有的「社會偏差」行為──包括同性戀、毒癮者，甚至到吸菸行為、智障、好動兒、沮喪，甚至連婦女的經前症候群，以及其他所有「正常的問題」(normal troubles) (Kirk & Kutchins, 1992; Figert, 1996)。

將「正常的問題」在精神疾病上「定名」，並進行醫療化的處置，是社會學家最為關切的議題。這一「正名」步驟，使得醫生和民眾都很科學地掩飾了其無知，並在「科學」醫學的護航下，形成「醫源病」(iatrogenic) 的傷害 (Illich, 1975)。所謂醫療介入，諷刺的是，事實上令許多求助者陷入社會「烙印」和「自我完成的精神疾病預言」的陷阱中。

「醫學專家」對人口健康問題（尤其是婦女的身、心問題）的持有權 (ownership)，不但阻礙到婦女的健康促進，且造成了「二度傷害」的實例極多。以下便是「憂鬱症」的專家知識掌控實例：

憂鬱症：是病？還是正常壓力反應？

在精神醫學領域的診斷中，「憂鬱」相關疾病的「可信度」一向最低 (Floyd, 1997)。但為何我們一向確信婦女罹患「情感性精神病」其診斷可信度卻「奇差」呢？理由包括：(1)此情感性症狀的疾病診斷受到醫師所收集的「資訊」之多少和偏差程度影響極巨。醫師對

婦女的文化刻板印象，決定了其所「問」的片面性和詮釋方向；(2)
醫師對婦女情緒症狀「生理」成因的過度忽略（例如因甲狀腺失調
或失眠問題所造成的情緒困擾症狀）。從這些批判的角度出現，重新
檢討婦女的憂鬱症問題，便完全呈現出不同的「圖像」。

　　例如，Floyd (1997) 的一項研究指出，被診斷為憂鬱症的婦女
中，有將近 50% 的比例是生理疾病的「誤診」。1993 年的世界發展
報導亦指出，「家庭暴力」是令婦女失眠、憂鬱、焦慮、酒癮、強迫
行為及自殺的主要因素，但「家庭暴力」因素往往被忽略，取代之
的卻是「不正確」的診斷和藥物治療。在已發展國家的研究發現，
企圖自殺婦女中 36.5% 當日有家庭暴力，65.3% 在六個月內有家庭
暴力 (Stark & Flitcraft, 1995)。此數值在發展中國家（如我國），更
不知有多少。一篇國內的研究，便發現在保守的估計下，一個社區
一個月至少有五名婦女因「家庭暴力」而有企圖自殺的行動 (Hu, et
al., 1998)，但家庭暴力問題卻被所有的精神科診斷和治療所忽略。

　　醫學專家對婦女「壓力憂鬱之診斷」和「用藥控制」，為期久
遠，因此憂鬱的藥物化現象亦有其「發展史」。1960 年，醫療市場
一種較有效且副作用較小的「鎮靜劑」——Librium（利眠寧）在美
國上市，Valium（安定）又在 1963 年上市，之後，婦女人口中普遍
的憂鬱問題，便轉化成巨大的「處方」銷售市場了。1970 年後至
今，在美國處方市場中，光是這類藥物便占了 20%。其中不少使用
者成了「老病號」，長期依賴著醫師的定期處方。

　　這數十年來抗憂鬱藥或鎮靜劑的廠商大發利市，被批判為「藥
物的流行病」——即大量用藥物來控制婦女的情緒，而非嘗試改變
造成其痛苦的原因。「開處方」模式，令醫師成為權威和專業，令婦
女更能溫順地執行其難以容忍的「女性角色」，令「醫藥」產業的利

潤更豐厚。這個「流行病」不但在歐美盛行，且在藥品市場促銷策略下，在「發展中國家」大量開發「處女地」，發展中國家新藥物的「藥商促銷」的內容和促銷方式，幾乎決定了醫師們的處方 (Doyal, 1995)。

　　從國際精神醫學的社會學洞識出發，我們發現婦女在父權社會的巨大壓力下的「正常反應」轉換成「精神病的烙印」和「藥物控制」，只不過是「專業主宰」的權力結構，以及資本主義／父權體系的再次展現。因此，「知識」的專業主宰，對於社會大眾（尤其是弱勢族群）權益的新威脅，應是研究倫理新的重大議題。

二、知識與權力重組

　　談到「知識」權力的重組，所涉及的不止是「研究者」的個人道德行止，而是從知識權力結構出發。因此，「充權」的概念便進入知識體系，民間的參與知識建構和女性主義的社會改革行動研究，也就凸顯出來。

㈠以「充權」來解決「知識」權力的不平等問題

　　何謂「充權」？「權力」是指影響個體利益的能力，此「無形」的力量能夠影響個體的生活空間，也能夠對他人產生要求的影響。Pinderhughes (1995) 指出，握有權力則能夠控制個人的生活，對人們在功能及互動的各層次產生作用：權力在個人的層次，可視為具有「支配感」或「能勝任感」；在人際互動的層次，是「主宰感」；在團體及家庭層次，是「地位、領導力、影響力、決策權」；在組織制度的層次，是「權威」；在社會層次，是「團體地位」。而權力關

係的運作受到個體在家庭或參考團體的角色分配，以及社會對於這些角色的價值及地位的影響，進而形成一結構來分配有權力者與從屬者的價值、決定兩者在機會與資源方面的可近性和生活品質。

傳統上，「充權」是從與其相對的「無權力」(powerlessness) 來定義的。Wallerstein (1993) 歸納相關文獻，認為無權力可從以下兩個面向來看：(1)主觀本質：個體有學來的無助感、喪失控制權、感到與所處的社會環境相疏離；(2)客觀本質：個體缺少經濟及政治權力、生活在貧窮與缺乏資源的環境，並且將這些不利因素內化而感到無權力。

為了解決「無權力」的個人、團體和社會不平等問題，「充權」成為行動取向。有異於傳統的「爭權」模式，「充權」的真正意涵是一種權力「共享」(power with)，其特性是共同的決策與互惠，也理解到權力不是個人間的宰制關係，而是一種共享、具有擴張性的資源 (Kreisberg, 1992)。「充權」包含三個層面：在個人層面方面，提升自我形象，覺醒到自己有權；在與他人交往的人際層面，能建立平等的關係；最後強調社會層面的資源再分配。因此，從心理學的角度來看，充權是一個心理過程，指人由「自貶」提升到「自信」的過程；從社會學的角度來說，充權是指一些向來被剝削的群眾，取回控制資源分配的影響力與權力（郭凱儀，1995）。

而「充權」概念進入知識體系，便是對缺乏「知識」權力者，經由新的「參與」管道，取回控制知識的生產和分配權力。「充權」式的研究，是將知識的關注，聚焦於權力結構、文化脈絡及社會行動上。它本身除了具有批判式的權力分析（或解構）外，更有重組權力的行動力，為將來「負責任的」權力行使機制來「奠基」(Ristock & Pennell, 1996)。

(二)民間知識體系的再生

Park (1993) 將知識分為三類——工具性的知識 (instrumental knowledge)、互動性的知識 (interactive knowledge) 以及批判性的知識 (critical knowledge)。大部分西方自然科學知識均屬於工具性知識（即實驗室內可控制操作的知識發展），當此科學知識延伸至社會科學時，人和社會便被陷到「可控制」的實證主義框架下。互動性的知識，則視實際生活知識是經由互動過程產生的，而非「社會工程師」的設計和控制操作形成的。至於批判性的知識，便開始經由反思和行動，來挑戰所謂「科學」分析和實證主義的價值體系、意識型態和權力結構特質。由於批判性的知識，挑戰了「知識」的意識型態和政經結構，參與式研究便成了「取代」、「轉化」工具性知識的另類典範——它強調了充權、批判覺醒 (critical consciousness)、轉化、對話 (dialogue) 及社會行動 (social action)，也從民眾的參與，使民間知識體系 (lay knowledge) 復甦和再生。

然而，民間「互動」、「批判」的參與知識體系，有其不可忽略的困境。最主要的是，人們對「專家知識」仍大部分呈現「兩極化」的反應——若不是一味天真地「相信專家」，就是完全「拒絕」主流知識體系（包括相關的教育、研究系統）——即反專家、反理論的「盲目行動派」(blind action)。但是，仍有一些「另類」的運作模式存在，例如，在一些學術界的研究者，警覺到「官方」和「財團」的不當操控，開始脫離產官學金三角，而把知識帶進群眾——即所謂的「走向群眾」的科學運動（又稱「僱用槍手」(hired gun) 策略）。然而「僱用槍手」式的知識，民眾仍脫離不了對研究者的依賴關係，因此，雖然研究者轉向群眾負責 (accountability)，知識的持

有權仍未真正移轉。這種覺醒才導致另類知識模式的產生──即民眾真正參與的研究。

Gaventa (1993) 將民間參與的研究分為三類：第一類民間主導之研究，其重點在挖掘被蒙蔽的知識和權力運作，其中包括：(1)挖掘社區權力運作的資訊，同時爭取市民對地方上的財產移轉、稅率、土地房屋擁有權等資訊的擁有，並要求官方的產業財務狀況記錄等資料的公開；(2)對於企業財團的國內外狀況及政府的規範政策措施進行研究，以便掌握影響勞工和社區發展的資訊；(3)「知」的權力運動──爭取其他有關「汙染」、「醫療」等原屬科學、醫學專業知識領域之資訊。這一類「研究」，使民眾能對抗「專家」知識中的「不足」及「扭曲誤導」部分，也同時一方面揭露專家所掩蓋的「權力結構」方面的知識，並經此研究來爭取知的權力以及獲取民眾所需的資訊。

第二類民間主導之研究，旨在發展「人民的科學」(people's science)。由於許多民俗、坊間知識、民間智慧，以往幾乎完全被摒除於「正統科學」之外，而這正是民眾生活知識和文化發展傳承的重要部分。因此，凡是尋找、收集、整理和發展這種知識系統，民間所擁有的研究力量便更直接、更能掌握。

第三類民間主導之研究，為民間（而非科學家）來控制研究。例如，設立民間控制的研究中心，其「控制」策略，重點在於決定研究的問題（而非一定由民眾來做研究），而過程的全程參與亦是重點。這類研究在丹麥、瑞典等北歐國家較為普遍。不過，這些「知識民主化」(knowledge democracy) 運動仍侷限於歐美，第三世界的弱勢人口，至今仍是資訊上的弱勢。

㈢女性主義與參與式研究：社會改革的新方向

女性主義研究者，在婦女運動史上，便是以「充權」的參與研究方式，加入了她們一波波的社會改革行動。這些婦女運動史，反映了參與式研究和社會改革的結合和成就——包括在最早期「意識覺醒」運動中，這些研究者便以組織的力量來訴說婦女同胞的故事。繼而婦女運動開始轉向周遭壓迫的社會環境，她們不但發出聲音，且試圖改變環境。例如，研究者協助受暴女性站起來控訴她們以往恥於表達的強暴和家庭暴力經驗。在被視為第一波「反暴力」的充權行動之後，女性主義者更對這些婦女提供以「充權」理念來管理的社區庇護所、資源中心和支持網絡。

然而這些「充權」措施和行動，仍被批判為「個人式」的自我增強和肯定，而非對「社會環境」的改變。這些「批判」的思考，令婦女運動一再地反思和檢討行動策略。她們開始抨擊預算、法規和就業政策上的歧視和疏失。例如，另一項「批判」，則針對婦女運動的「充權」努力，過於「同質化」(homogenizing) 婦女問題——即只著眼於一些社會「邊緣人」的特定議題，而無法充分反映婦女間之「異質性」。換言之，這種「充權式」研究的批判特色，使「權力結構」的分析，經由「性別」權力的解構進展到女性之間（如階層、種族、年齡、婚姻狀況……）的權力結構。因此「充權」的研究，不只限於從「權力宰制」(power over) 轉換成「權力分享」，而是一次再一次的解構和再建構 (Ristock & Pennell, 1996)。

當「參與」成為解決研究方法論中的「知識倫理」和「權力結構」問題時，研究本身也成為「充權」的手段，而研究者也因此能以研究行動「投入」(commitment) 到社會的改革行動中。這種「知

識民主化」的過程，已反映在晚近的質性研究典範中——包括弱勢研究、社區研究及政策評估研究。

三、「參與式」的評估研究：責任政治的基礎

民眾參與公共政策，可以直接進入「政策」的評估。這種參與式的評估研究，正是「責任政治」的基礎：

㈠政策評估研究的轉型

到底是誰在評估我們的政策？到底誰受惠於這些評估研究？由於不同身分的評估者其所扮演的角色便極不同——他可能是內部評估者或方案促進者，但也可能是社會大眾的「看門人」(gatekeeper)或「放出警訊者」(whistle-blower)。因此，評估者受僱於何人絕對會影響到其對何人（機構、受服務者或社會大眾）忠心，也決定了誰為受益人、誰的利益可能受損。以往的政策評估者往往來自學界或行政管理者，極少是來自記者（報導人）或是社會大眾的成員，因此，「評估研究」便極易淪入「權力的遊戲」，故而早期的評估研究談倫理議題，仍存在許多內在的矛盾和迷思 (Newman & Brown, 1996)。

但在不討論「權力結構」下，推動「評估研究」的倫理，也可能會犯上 House (1993) 所提的五種常見的倫理迷思——客戶（受服務者）主義 (clientism，即一切按客戶之要求來做)、管理主義 (managerialism，認為管理者必定是獲益者)、方法主義（相信一切按正確方法來做，一定會符合倫理標準）、相對主義（同等地接納每個人的意見），及多元主義／菁英主義（給有權威者優先發聲）。這

些信念和運作，並無法解決真正的評估研究的倫理困境。

「充權式」的評估，基本上是政治權力的重新分配——以開放給受服務者 (clients) 及其他權益相關人士之積極參與，來解決基本倫理上的困擾和衝突問題。權益相關人士之參與是充權評估研究的關鍵，權益相關者是多方面的——例如行政人員、客戶（或受服務者）、媒體記者、一般納稅大眾。不同類別的權益相關者之間，亦會有視角和利益上的不同，甚至會出現衝突。因此擴張到不同權益相關者的視角，並同時納入他們不同的具體需求，達到一種共識的建立，是一個不可忽視的步驟 (Patton, 1997)。

但是要求受服務者和權益相關人士的參與，還必須「教育」他們，否則也是不負責任的「責任推託」。這就有如要求心臟病患來評估心臟手術，或任由存錢客戶來評估銀行的會計體系一般。這些受益或權益相關人士必須經由一番教育，才能問出合適的問題，甚至形成工作小組 (taskforce)，進而有能力監督及改進醫療或財務機構的運作。協助及訓練基層行政部門及社區民眾參與評估，在「參與式」政策評估的建立上，往往是成為政府稽核 (audit) 部門（有如我國的審計部）的職責和例行運作。

㈡瑞典的成功經驗

瑞典的福利政策（尤其是婦女福利與老人福利），至今仍是世界的佼佼者。其政策改革之成功，與其政策決策過程中的「評估」制度不無關連——即是在其「稽核」系統中，具備了「權益相關人士」積極參與預算評估審核之完善制度 (Alhenius, 1997)。

政策評估的目的，並不是在傳統議會中縮減預算之功能，而是在讓資源之爭取具備合理的基礎——即在各種取代方案之間進行比

較，以達到更合理的目標。這種「目標」取向（如民眾福利目標）而非「手段」取向的評估，是在創造「改變」（如教育改革、社會福利方案、住宅計畫）。如果是傳統官方的「手段式」（以看守納稅人荷包、刪減預算為手段）議會式運作，極可能光是以「經濟成長」或「勞動參與力提高」為目標，但如經過像瑞典的「稽核」系統，政策目標更有可能設定在「工作力減弱者可較早獲得退休俸」等民眾的福利保障上。

瑞典的民眾參與政策評估亦反映在其政府組織上。瑞典的中央政府，是個「小決策型單位」和「大量獨立的執行組織」的組合，而政策相關資訊的民眾公開，更是瑞典「政策平衡」的一大特色。其稽核系統是在此「資訊公開」、「多元組織」的政治環境下，針對中央政府預算進行所謂分析研究，而這些分析，等於是民眾直接參與國家預算結構，並評估政策的「責任政治」最有效管道。

㈢美國地方政府的「充權」評估

美國德州政府的「政策評估」，成為民間參與地方政策的「充權研究」範例。其政策評估「擁有權」轉移的經驗，使地方政府由以往「消極地執行上級的規定」和「防禦式地面對議會審核」，轉為有效政策的「積極」推動，和有意願分擔責任的地方事務管理人。這個轉變起自 1991 年之德州立法部門，立法委員開始了其「成果導向」的預算活動後，政策的努力也就以「開放民間參與」的充權評估（包括地方政府自我評估）模式，發展了有效的服務策略來完成政策目標。以「犯罪防治」和「社會服務」的地方施政為例，Keller (1996) 指出了其「充權」評估的重要性。

1.犯罪防治的實例

德州「司法」的充權，來自「社區」基層治安單位對犯人「假釋」(probation) 模式的審核。德州的犯罪防治預算雖然年年增加，但在國家的預算控制下，大都投入「監獄」的興建，以收容激增的罪犯。然而容量的不足，導致許多較嚴重的罪犯也加入「假釋」的行列，也因此加重地方法務、警力和民眾「治安」的負擔。社區治安單位便以「充權模式」來評估此「假釋」的政策。此評估報告是來自一個審核團 (auditors)——地方治安及管訓 (correction) 單位、納稅人、假釋犯及社區代表，針對「假釋政策」的預見成果——「社區保護」、「受害人賠償」、「假釋犯重建」、「減少特權分子之假釋」四大目標進行評估。

在此過程，地方部門開始學習收集相關的基本資料、取得各方的意見和相互的討論協商；也由於這個過程，地方治安單位 ·反以往「防衛」、「消極」和「對立」的姿態，開始以行政「管理模式」與各部門及各個相關的「權益相關人士」協調，根據收集的資料發展有效的方案，並提出支持方案的預算。換言之，面對「中央」、「社區」和其他相關的資訊者，經由充權的評估研究，使得州地方治安單位成了有效「治安」政策的促進者。他們的報告，甚至成了爭取中央「合理預算」的最佳工具 (Keller, 1996)。

2.社會服務的實例

德州州立政府的社會服務部門，一年雖有超過 30 億美元的經費預算來從事支持性服務、資訊管理、案主自助式服務和長期照護服務，但是在預算分配上，相當高的比例支出在高層行政費用上，地

方性服務又趨於「保守作風」，缺乏對民眾需求的反映和創新。直到中央福利預算開始面臨縮減的壓力，這個擁有十四個健康及社會服務單位的部門，才意識到危機，也才願意接受類同治安單位的「充權審核」和「自我評估」模式。而州政府的「審計」部門，對此提供了極大的協助。基本上，這個模式包含下列的策略：

(1)說服地方政府建立一持續性「自評」研究系統的必要性（即「明亮化」，illumination）。

(2)為弱勢人口的需求來促權（即「促權策略」，advocacy）。

(3)確保服務的管理方式是「助力」而非「阻力」（即「助長策略」，facilitate）。

(4)將評估的持有權轉移至受服務者（即「解放策略」，liberation）。

(5)經過培訓和諮詢來助長受培訓者的持有權（即「培訓策略」，training）。

(6)改良「官方語言」，使每一個團體都容易了解評估的用語和意涵。

／ 四、「參與式」的社區研究

充權的參與研究，除了由具社會民主理念之政府來助長「政策」之民主化和責任取向外，亦有由草根社區來主導的模式：

(一)原則與策略

以社區為基礎的行動研究，是一種合作式的探究 (collaborative inquiry)，目的在提供人們一種系統行動的方法來解決問題。社區行動研究本身不能提供問題解決的答案，但能令人們較清楚其實際狀況，以促成有效解決方案的產生。所謂的「合作式」，是指研究的過

程對「共識性」和「參與性」的著重，而研究的目標則在促使社區人士：(1)能有系統地去探究他們自身的問題；(2)對其所處情境，能產生深度地認識，並了解其重要性；(3)能夠有效地產生解決問題的方案。而所謂深度認識，則是將社區歷史、文化、互動型態及情緒生活等層面都納進考量。

　　社區行動研究與傳統社區研究最大的差別，便是跳出傳統研究者的單方視角，以及他們慣用的一套學術「術語」和一堆令民眾敬而遠之的複雜統計報告，而讓專業實務工作者與一般民眾能共同參與問題的解決，兩者之間達到共識 (Rahnema, 1990)。

1. 循環不止的過程

　　根據 Stringer (1996) 的說法，社區行動研究亦是個過程，整個過程包括「觀察—思考—行動—再檢視—再分析—行動修正」，一連串不斷地循環運轉（見圖一）。

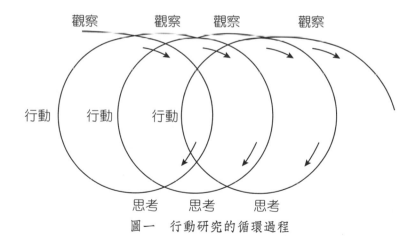

圖一　行動研究的循環過程

2.反轉式的組織原則

社區行動研究的推動，是需要組織行動的，不論是單一非正式團體，或是多個正式、非正式團體組織的複雜安排，然而社區主義的政治精神仍是組織的基本原則──即「反」傳統層級 (reversed hierarchy)（見圖二）。

3.研究過程的指導原則

傳統的管理概念中強調監督、領導與控制，但這種存在於傳統層級組織的概念，在溝通之語言上及決策過程中，便違反了社區組織的原則是民主、參與及合作。「參與式」的決策過程，雖較「耗時」，但是就長期發展而言，是有效的、值得的，因為解決問題的最好答案所在，便藏身在此民主過程之中。而研究者在此過程中扮演的是支持者和發展監督人，以便在需要的時刻提供參考的資訊、建議和必要的協助。

4.評　估

「評估」工作，非僅是管理人、專家或實務工作者的工作，而是權益相關人士群體的合作建構。雖說「評估」在社區行動研究中是「隨時性」、「持續性」的步驟──即在「觀察─思考─行動─再檢視─再分析─行動修正」循環動態之中，評估的向度亦是多面的，主要包括：

⑴將成員不同的宣稱 (claims) 與關切點 (concerns) 列成表，以便全面考量。

⑵彙整並探討經由觀察、訪問、文件和團體建構所收集到的資料。

傳統層級組織

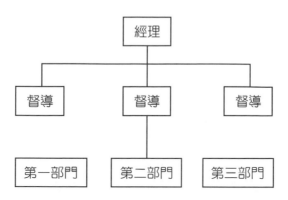

反轉層級組織

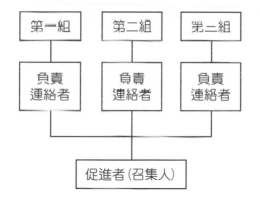

社區基層組織

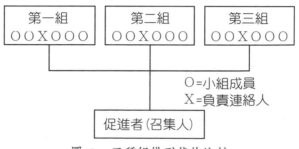

圖二　三種組織型態的比較

⑶由不同宣稱、關切點中達到共識。

⑷對未解決的議題列出先後順序。

　　評估工作有時是為內部作業的，也有針對外部進行正式報告者，故要確定誰是聽眾 (audience)，而能形成較適切的表達。

　　行動研究的產生是科學知識的反省後所產生的一種另類 (alternative) 方法學，它不只是一種「技術」或「方法工具」而已，而是基本科學哲學的批判和再出發。一個高水準的行動研究，是以其能成功地使社區民眾感受到他們是屬於一個群體，能產生群體性的世界觀，並能激發他們為共同的福祉一同工作、一同努力。所謂的福祉，不止是表面的硬體建設，而是提升這群人，尤其是邊緣弱勢（如婦女、少數民族）的自尊、社會認同、自我控制、責任心及對其生活空間的深度認識和滿意度。成功的社區行動研究，必須具備促進平等和合作之關係之各種溝通、組織、支持協助、分析、解決衝突、建立網絡和探討評估制度的方法技巧，這也是傳統研究者和實務者的不同能力的重組和整合，以符合「研究即實踐」的理論視角（夏林清，1996）。

　　綜言之，新的社區理念已被視作一種政治運作的新典範，社會服務已不再是「專家」由上而下的宣導和服務，而是一種權力結構的重組。從傳統「官僚組織」、「專家權威」模式轉化為「社區參與」、「弱勢充權」、「專家合作」及「行動研究」的社會過程，這是知識的革命，更是政治的革命。

㈡原住民的「還我土地」研究與行動

　　在 1870 到 1930 年間，美國阿帕拉契山的原住民，因遭遇「外來財團」和「地方官員」的勾結，而完全失去了其對土地及土地上

的礦產和林產的所有權。換言之，「在地人」的政治、社會和經濟被剝奪的「命運」，也因而註定了。在礦產被財團控制、林地又被財團濫墾而轉為「國有林」和「國家公園」之後，成千上萬的「原住民」被迫遷移到外地工廠討生計，當地也成為典型的「凋零」社區，使得這塊「最富有」地上之居民，成了「最窮」的人口。

三十年後（1960 年），這塊土地再度成為「公共關注」的重點。來自政府的「福利方案」，選擇了這個「極度貧窮」的社區為「打擊貧窮」的介入點。在「個人自由主義」的意識型態下，「救濟式福利」成為主要介入取向，當時並無專家注意到「外地地主」和其「超低賦稅」的問題。雖然不少「在地人」知曉真正的貧窮癥結所在，然而這些有洞識的「在地人」和「運動人士」卻又因缺乏權力體系的資訊管道，無法發揮其知識的影響力，十分挫折。

直到 1977 年，一次水災沖刷掉不少社區，但之後政府和財團不積極地做「復健」工作，反而視當地居民的「不當挖礦」為造成水災的罪魁而加以責難。當地居民終於忍無可忍，開始認真討論如何「動員」社會資源，以加強他們的「聲音」。這項動員，包括爭取到一筆官方機構的研究計畫，由「社會運動者」、「地方之學術單位」及「社區民眾」共同來執行。這個研究在幾個月的討論後，終於有了以下的「共識」：

1. 此研究將提出一個由市民（非由官方委託之專家顧問）主導之研究模式。
2. 在研究的過程中，能將民眾訓練到有能力去獲得其所需的資訊。
3. 在研究的過程中，能發展出一個「行動網絡」。
4. 研究的過程和結果，可以同時教育和動員地方團體，成為更持久之「行動種子」，進行更廣的「社區性」和「全國性」行動。

這項研究，除了達到以上目的外，還促成了新組織──「公平賦稅聯盟」的產生。這個新組織的運作，雖然歷經政治波折，但終於在 1984 年推動了「公平賦稅」、「地方控制大部分稅收」及「稅收大量運用在地方服務方案」等社會正義改革之部分項目，並成功地擴大了其「參與式研究」模式至相似議題（如「北卡萊納州聯盟 "WNCA"」、「挽救 Cumberland 山區組織 "SOCM"」和「東南部婦女就業聯盟 "SWEC"」）。這個結合「研究」和「行動」的實例，可說是弱勢人口之「地方性知識」(popular knowledge) 和「地方人士參與」在「知識建構過程」和「社會改革」意義上的重要性 (Horton, 1993)。

(三)「身心障礙社群」的社區參與式研究

「憐憫的」、「保護的」社會態度，一向是身心障礙人口的壓迫和歧視之源──我們的社會在有意無意中已將身心障礙者排除在教育、就業、政治和社會參與之外，甚至否定了其基本人際關係和親密的需求。因此，強調自主的「獨立生活」運動便成為近年來身心障礙者人權的推動方針。他們爭取的是相關之環境規劃、教育培訓及社會服務的改革，使他們原有的獨立生活障礙可以破除。

美國麻省的一項從 1984 年開始的社區無障礙環境研究，便是針對身心障礙社群「參與式」行動研究的例子。這項研究和傳統專家主導的需求評估、服務方案之規劃和執行模式極為不同，身心障礙社群的積極參與和主導性成為研究者的關切重心，其中包括鼓勵參與者讓他們覺得「他們自己才應是合法的專家」，不斷指出他們「促成社會改變的潛力」，並促進一種「社群共識」的發展。最後（也是最初的理想），身心障礙社群能組成權益促進委員會，成為身心障礙

福利部門的政策中心委員。

　　首先研究者以訪談方式，深入身心障礙社群對社區「環境障礙」之心理意義——例如，何種「障礙」可阻礙其獨立、成長及自尊的感受。同時，也探討未來應如何行動比較有效。這種「深入訪談」本身，便促使身心障礙人口有機會來檢視自己的經驗和想法，肯定「它們」，並開始覺得他們已「參與」到未來的規劃。

　　取得初步的整理和規劃構想後，第二步他們選擇在正式向「政策者」提出意見前，先經過「內部非正式的討論和資料收集」，並決定以「購物中心」的障礙環境為優先行動。之後，共同決定以「月會」方式，來籌劃及進行社會動員（包括法律、建築專家等）和行動（其中包括「投書」、「公聽會」、「示威」及無數次的「商議性」信件來往）。

　　在 1984 到 1989 年間，該組織進行了一連串的行動後，購物中心終於完成了「小部分」的改善。雖然這些改善未完全符合其要求，但這項研究至少達到了下列三項目標：(1)參與者開始認識自己的權益、了解到目前法規的運作、學習到「權益促進」的技巧和發展行動策略；(2)參與者具體地認識到其生活社區中的環境障礙（包括公家機構、商店、餐館、教室、交通設備和住家），並開始針對這些問題，決定了優先的行動次序及行動策略；(3)為了執行這些行動，社區中的身心障礙者開始聯合，以便取得共識。「參與者之間」開始發展了「社群」意識、網絡和認同 (Brydon-Miller, 1993)。

　　這個參與式研究，不是傳統福利服務研究的另一種選擇，而是針對傳統研究「弱勢」的專家，進行知識「權力」的批判。促進「弱勢」社群積極參與全程，是抵制抗衡「專家」主導操縱的「重要機制」。然而，以上的「弱勢充權」中，仍看不到弱勢中的弱勢——

「婦女」的聲音。在弱勢族群中她們的需求和自主，仍被社會「不自覺地」埋沒在家的私領域中，一切仍由「家長」掌控和代言，因此「性別」的考量，便成為新的焦點。

五、「性別」與參與式研究的再考量

由女性角度出發，參與式研究亦可以有不同的面貌。這方面的研究創造、行動模式和知識的倫理意涵，更為深層和豐富。以下為原住民婦女、身心障礙婦女和非營利婦女組織之參與式研究。以此為例，可以看出其不但「小而美」，且對未來社會改革的潛力無限。

(一)加拿大原住民老年婦女健康計畫

1997 年 6 月，在加拿大 Saskatoon 舉行的世界婦女健康大會中，發表了一份「分享我們的健康小圈！老祖母們的健康評量報導」。這份報導不是由健康（或醫療／公共衛生）專家來調查老年原住民婦女的健康問題和需求，而是由當地原住民的祖母們聯合寫出的報告。研究者則利用每週二晨間聚會，以焦點團體訪問和個人口述史法，來協助她們收集和整理資料，地方衛生部門和省社會服務處亦提供諮詢和資訊治療。整篇文圖並茂簡短的報導（全部十六頁），傳達了主要的訊息——她們不是一般人腦海中的健康弱勢（在缺乏醫療照顧偏遠地區的一群印地安貧窮老婦），而是充滿了傳統和生活智慧，懂得以各種草木照顧家人和族人的「寶藏」。她們要將此「健康寶藏」分享給眾人，同時也告知社會，主流環境如何對她們造成不良影響。她們在此表達了關切和問題分析，並提出她們的觀點和對問題解決之建議和行動。以下便是她們的「告白」濃縮：

……我們有傳統的智慧：傳統的智慧中，雖未有「賺大錢」的知識，卻讓我們擁有自給自足的衣食和生活快樂的泉源──我們的人生價值觀和豐富的儀式。其中，老年女性照顧懷孕婦女、小孩、病患，勤奮工作織出彩衣、烹出美食，並且祈禱和遊戲、唱歌、舞蹈。每個女性都還有母親、祖母和曾祖母（三代女性）來傳授智慧和相互支持。在健康上，我們相信整體身、心、情緒、靈和腦力的健康，我們由祖母們學習到用「自然的食物」來保健、治療，尤其是在對女性的經期、懷孕、生產和嬰幼兒的健康照顧上。

……環境破壞和對我們生活的影響：此部分談到她們在富有的法國農民之中，生活在「保留區」中的屈辱，如何在遷移中喪失了語言和角色，產生新的家庭問題和疾病（尤其是肺結核病）。

……今日我們的憂心：我們今天最擔心的是家中的小孩和老祖母。家人的關係出了問題──離婚、單親，父母外出老遠工作，已無法照顧、關心小孩。小孩在酒和毒品危害中，我們和孫子女打長途電話的費用又實在太高了。除了政治經濟問題外，全部族人都處在「自卑情結中」。環境汙染和住屋問題嚴重，我們的食物也改變了，新鮮蔬果太昂貴，垃圾食品引起的肥胖和糖尿病問題嚴重。我們不了解現在的醫生、外科手術和開給我們的處方，醫生更不了解我們的草藥和我們真正的需要，其他如社會服務單位及社工人員亦是。

　　……我們的教導、問題解決、希望和視角：我們應重
新探索我們的傳統智慧，而祖母應成為教導者、傳授年輕
人這些傳統智慧。婦女應成為家中主幹，在家中說「母
語」、煮食傳統食物、靜坐、祈禱、運動、互相支持、表達
情緒、遠離憂鬱／失眠／骨質疏鬆／高血壓／糖尿病和肥
胖症。我們應學習去塑造和採用現代醫學服務和其他社會
服務、政府政策。

　　在報告的結尾，她們用了她們的語言 "Kisewatotatowin"（神聖
的樹木），來象徵這個「健康小圈」對她們自身和整個計畫的意義。

(二)由身心障礙女性自主的參與式行動研究

　　1997 年 3 月，我在澳洲布里斯班格里菲斯大學，見到了一位具
有碩士學位的女子——海倫。她告訴我她已進行了數年的參與式行
動研究，她和輕度智障女性的自助團體「野女人團體」(The Wild
Women's Group) 一同創造出許多報告和手冊。我帶了其中一本名為
《站起來——輕度智障女性自助團體的發展手冊》(*Standing Tall: A
Resource on the Development of a Self Support Group for Women with
a Mild Intellectual Disability*) 回來。

　　這是布里斯班的社區自主生活計畫 (community living program,
CLP) 的工作者，以婦女中心的視角為出發，針對傳統服務模式並未
關照到的社區中輕度智障女性的需要——「自己有個相互支持的團
體」，所產生的參與式行動研究（也是服務計畫）。這個計畫起自
1991 年，其有六個目的：

　1.經由參與式研究來教育、挑戰、轉變傳統智障服務，並為此自助

團體的知識和工作者充權。

2.記錄下此團體成員的經驗，以肯定自助團體對成員的貢獻。

3.探索此自助團體成員對「輕度智障」的了解和意義，以提供助人專業工作者的實踐知識和技術發展。

4.記錄下自助團體中成員和工作者，如何發展並運作自助團體的知識和技術。

5.記錄下此自助團體發展的階段。

6.探索此充權過程中所面臨到的議題和困境。

　　這個精彩的研究報告，不但挑戰了大部分「社區」、「婦女」、「身心障礙」研究及支持方案，且創出了「有趣」且「令人深思」的行動、過程和報告「書寫」。身心障礙者的需求，不再止於「獨立自主」的工具性生活環境，她們的友伴社會關係的建立和特有的情緒上的需要，更是人類生活價值上的關鍵。這部分的「充權」知識和技術，在「無智障」的社區婦女部分，已開始受到研究和政策的關注。但社區婦女中的「弱勢」，是否應受到更多的「充權」呢? 此研究發現她們自身已關注的議題，更令我們警覺我們所建構環境的「不公平性」。例如，這個自助團體所討論出來的生命議題 (life issue)，便反映了大環境對具智障和女性雙重特質的威脅：

・安全	・如何獨住
・安全的性和家庭計畫	・如何面臨害怕和突破障礙
・搬出父母的家	・自殺和心理的崩潰
・遇見男孩	・特殊問題的求助
・婦權和國際婦女節	・愛滋、強暴、性騷擾
・找尋合適的課程和工作坊	・上法院和報警到底是怎樣的情形

・團體外的社交活動	・取得駕照
・家庭虐待後與家人斷絕關係	・預算和財務管理
・與喜歡的人說再見	

　　而參與這樣一個團體的工作人員，更有許多問題要面臨和解決，例如，「團體中某人比另一人權威」、「某建議太大、太長、沒完沒了」、「如果財源斷了，團體活動要如何持續」、「有時活動花太多時間討論問題，太少樂趣」、「有時重要議題沒時間來討論」、「如何處理團體內之衝突和暴力」、「如何強化團體規則」、「如何在團體中交朋友」、「如果有人覺得參加團體，自己年紀太大」……，這些工作者在此過程中，發展了她們認為有效的團體支持技術和策略：

1. 一個團體中「兩個工作者」合作來促進團體，她們稱之為共同促進效果 (co-facilitation effect)。

2. 工作者之間有「一致」的工作方式。

3. 工作者應「隱形化」，不要去主導團體事務。

4. 促進團體之間「誠實對待」的感覺。

5. 維持對團體「有信心」且「穩定」的態度。

6. 鼓勵婦女互相教導和支持。

7. 擴展世界觀。

8. 對自然產生的新議題，加以注重，以便調整計畫。

9. 要能敏銳觀察「正面的」或「負面的」不舒服和混亂。

10. 閱讀女性的身體語言。

11. 支持團體中的沉默和思考空間。

12. 鼓勵團體提早計畫未來。

13. 鼓勵婦女經由自身以往經驗來了解現狀。

14. 讓團體自己注意到她們的成就或經歷到困難時刻。

15. 利用圖表、影像、角色扮演和適當的語言來協助了解或探索問題。

16. 多用「幽默」。

　　這份報告本身便採用了許多「輕度智障婦女」團體成員的語言和圖表來表達這個行動研究的「參與」。從這項參與式研究，我個人對「女性」、「身心障礙」、「社區」研究得到許多啟示，並不由地對這些工作者和研究者由衷敬佩 (Spork, 1994)。

㈢非營利婦女服務組織的參與式充權評估

　　美國南方的一個城市裡，七個提供女性庇護中途之家及相關服務的婦女組織，開始提出一個問題：「到底哪些服務真正有效？為什麼？」為了回答這個問題，並產生更有效的行動，她們開始形成一個研究小組 (study group)，學習並發展了「充權式」評估 (Andrews, 1996)。

　　從傳統評估研究的角度而言，這些服務組織的女性對象（或案主）大都來自社會的底層——貧窮的少數民族背景，大部分經歷過幼年或成年的性侵犯及各種身心虐待，她們有著酗酒、嗑藥的困擾，對外人有著極大的不信任感。她們所接觸的各式公家服務機構數目也不少——警察、監獄、醫療、精神科、學校、急診、住宅部門、法律服務部門等，但是每一種服務都是針對某一特殊問題，沒有整合性的服務。她們往往被這些機構視為「多問題的」、「高風險的」對象，且常在各個服務方案中間來來回回，並常從一個進行中的服務方案「流失」。

　　這個由包括了七個組織的管理者及一個來自大學背景的研究促進者的研究小組，都是女性，而這七個組織又大部分是由「女性義

工」組成，由於經費和資源的缺乏，只有兩個組織花下 2% 的經費預算到評估研究上。她們對相關資訊的收集和運用能力也都極為欠缺，但這些組織有下列共同特徵，而使她們與一般社會服務組織仍有所不同，且有利於進行「充權式」評估：

1. 這些小型組織的服務內容，是由「服務對象來決定」，而非由工作人員或機構來決定。

2. 這些組織都尊重服務對象的「隱私」。不像一般機構認為「遊民」大部分是「病態」的，研究調查時，並未徵求他們的同意、保護他們的隱私。

3. 「互惠」(reciprocity) 及女性主義原則 (feminist principle)。婦女主持的團體，大部分是採「參與互惠模式」，而非一般的權威性控制。提供服務時，也非以「專家」身分出現，而是採「經紀人」(broker) 角色。

4. 不斷地創新 (perpetual innovation)。組織內部常聚會、反映問題、分享資訊、討論議題，在開放的氣氛下，並發展創新的方案，以這種非正式的評估來取代傳統正式的評估調查。

5. 注重環境脈絡 (significance of the ecological context)。她們十分關注影響「受助婦女」和組織極巨的社區資源系統、公共政策及服務市場上的需求狀況。在研究小組的學習過程中，她們更注意到政治環境，並合作創造評估此體系的「合作評估網絡」。

6. 「權益促進」(advocacy)。這些團體都站在弱勢者這邊，針對她們所經歷的多方歧視（包括性別、種族、社會階層、年齡、身心障礙等），願為她們爭取權益、改變相關政策、創造社區資源。

　　「充權評估」，在這群有共識的婦女研究小組討論下發展出來，並同時以行動來運作，來作為「評估」的步驟之一。換言之，這亦

是一個行動「過程」，其重點如下：

1. 對「權益相關人士」的投入：「權益相關人士」包括「受服務對象」、「機構工作者及管理者」、「各方贊助者」，了解其角色、對方案的期望和職責。學術單位的研究參與者（亦曾是義工），則是以受信任的「圈內人」(insider) 的方式，促進各方的互動，了解並尊重來自各方不同的視角。其中研究小組對「受服務對象」的參與投入最巨，優先以「先驅研究」(pilot study) 來探討她們的需求和建議，來平衡其參與的困境。

2. 建立團隊 (team building)：此研究小組發展了兩個層次的評估團隊來促進評估研究的推動。一類為每一組織內的團隊，一為組織間的團隊。這些團隊負責發展一些評估活動的行動綱領 (guideline) 和行程表。

3. 評估資源的取得 (evaluability enrichment)：一些必須資源的取得，能解決許多此類小型組織的困境——如電腦技術、評估的標準、服務相關的法案，及其他資訊的取得。因此，研究小組必須聯合起來決定哪些是必要的資訊和技術，以及如何發展或做資源取得的動員。

4. 評估資源的發展 (evaluation resource development)：最後，這些組織決定合力來採購促進「評估」小組的資源，包括完成促進評估計畫的規劃、設計、方法到成品。

　　這個計畫的形成，對於「婦女服務組織」和「婦女」的處境，都將因「參與」、「充權」、「行動」、「評估研究」而有所改觀，而此改變將是帶動「公共政策」和「社區環境」改革的重要力量。

╱ 六、結　語

　　研究的倫理問題，幾乎都涉及到研究者權力濫用的問題。這種問題的核心，是源自知識生產和消費體系的不平等權力結構。一般由學術社群訂立的研究倫理規則和倫理教育，在一個專業主宰及政治介入的產、官、學金三角的大環境下，並不能真正有效地約束研究者。而社會的變遷、各種國家的介入、不同專業的興起，更強化了專業知識的生產對整個社會大眾權益上的威脅。因此，新的知識生產典範——「參與式研究」因應而生，成為制衡「知識」市場不公平運作的「另類」模式，從根本上來解決「知識」體系的倫理問題，並創出更富有社會正義、更能有效促進社會改革的「知識」和行動。

　　本文除了批判知識市場的權力遊戲外，更提出這種能促進知識民主化的參與式研究和相關的重要實例——包括創造「責任政治」的政策重要實例——瑞典的國家稽核系統和充權策略評估、美國的地方政府施政「充權評估」、原住民參與式研究、身心障礙團體的參與式研究，以及強調女性經驗／女性主導的參與式研究。我們希望這一研究典範的引入，能比一般倫理宣教更徹底、更有效地規範研究者的權力濫用，此外，我們也期待此一典範能更有效地帶動國內知識民主化、責任政治運作、弱勢充權以及民間知識的發展。在這個新的典範中，研究者仍有其不可忽視的地位和貢獻，但是必須重新定位在「合適的位子上」(putting scientists in their place)，成為向民眾負責的伙伴 (partner) 或合作者 (collaborator) (Merrifield, 1993)。

參考文獻

中文部分

夏林清 (1996)，〈實踐取向的研究方法〉，《質性研究：理論、方法及本土女性研究實例》，胡幼慧主編，頁 99–120，臺北：巨流。

郭凱儀 (1995)，〈社區工作的價值取向及方法〉，《香港社區工作──反省與前瞻》，莫泰基、郭凱儀、梁寶霖編，頁 60–78，香港：中華書局。

英文部分

Alhenius, Inga-Britt (1997). "Auditing and Evaluation in Sweden," pp. 80–85, in Chelimsky, Eleanor & Shadish, William (eds.), *Evaluation for the 21ˢᵗ Century*. London: Sage.

Andrews, A. B. (1996). "Realizing Participant Empowerment in the Evaluation of Nonprofit Women's Services Organizations," pp. 141–158, in D. Fetterman, et al. (eds.), *Empowerment Evaluation*. London: Sage.

Brydon-Miller, M. (1993). "Breaking Down Barriers: Accessibility Self-Advocacy in the Disabled Community," pp. 125–143, in P. Park, et al. (eds.), *Voices of Change: Participatory Research in the United States and Canada*. Toronto, Canada: OISE Press.

Chelimsky, E. (1995). "The Political Environment of Evaluation and What it Means for the Development of the Field," *Evaluation Practice*, 16 (3): 215–225.

Doyal, L. (1995). *What Makes Women Sick: Gender and the Political Economy of Health*. New Braunswick, NJ: Rutgers University Press.

Dugan, M. A. (1996). "Participatory and Empowerment Evaluation: Lessons Learned in Training and Technical Assistance," pp. 277–303, in D.

Fetterman, et al. (eds.), *Empowerment Evaluation*. London: Sage.

Fals Borda, O. & M. A. Rahman (1991). *Action and Knowledge: Breaking the Monopoly with Participatory Action-Research*. New York: Apex Press.

Figert, Anne, E. (1996). *Women and the Ownership of PMS*. NY: Aldine.

Floyd, B. J. (1997). "Problems in Accurate Medical Diagnosis of Depression in Female Patients," *Social Science and Medicine*, 44 (3): 403–412.

Gaventa, J. (1988). "Participatory Research in North America," *Convergence*, 24 (2–3): 19–28.

Gaventa, J. (1993). "The Powerful, the Powerless, and the Experts: Knowledge Struggles in an Information Age," pp. 21–40, in P. Park, et al. (eds.), *Voices of Change: Participatory Research in the United States and Canada*. Toronto, Canada: OISE Press.

Gusfield, J. (1989). "Constructing the Ownership of Social Problems: Fun and Profit in the Welfare State," *Social Problems*, 36 (5): 431–441.

Hall, B. (1993). "Introduction," pp. xiii–xxii, in P. Park, et al. (eds.), *Voices of Change: Participatory Research in the United States and Canada*. Toronto, Canada: OISE Press.

Horton, B. D. (1993). "The Appalachian Land Ownership Study: Research and Citizen Action in Appalachia," pp. 85–102, in P. Park, et al. (eds.), *Voices of Change: Participatory Research in the United States and Canada*. Toronto, Canada: OISE Press.

House, E. R. (1993). *Professional Evaluation: Social Impact and Political Consequences*. Newsbury Park, CA: Sage.

Hu, Yow-Hwey, Kuo, Shu-Chen & Jeffrey J. H. Tsai (1998). "Exploratory Study on Female Attempted Suicide in Taiwan: An Analysis of Medical Records of the Emergency Service on One Teaching Hospital," in Lourdes Heber & Theresa George (eds.), *International Perspectives on Women, Health and*

Culture: A Worldwide Anthology (in press).

Illich, I. (1975). *Medical Nemesis*. NY: Pantheon.

Keller, J. (1996). "Empowerment Evaluation and State Government Moving from Resistance to Adoption," pp. 79–99, in D. Fetterman, et al. (eds.), *Empowerment Evaluation*. London: Sage.

Kreisberg, S. (1992). *Transforming Power: Domination, Empowerment and Education*. State University of New York Press.

Maguire, P. (1987). *Doing Participatory Research: A Feminist Approach*. Amherst, Massachusetts: Center for International Education.

Mayer, S. E. (1996). "Building Capacity with Evaluation Activities That Empower," pp. 332–375, in D. Fetterman, et al. (eds.), *Empowerment Evaluation*. London: Sage.

Merrifield, J. (1993). "Putting Scientist in Their Place: Participatory Research in Environmental and Occupational Health," pp. 65–84, in P. Park, et al. (eds.), *Voices of Change: Participatory Research in the United States and Canada*. Toronto, Canada: OISE Press.

Newman, D. L. & Brown, R. (1996). *Applied Ethics for Program Evaluation*. London: Sage.

Park, Peter (1993). "What is Participatory Research? A Theoretical and Methodological Perspective," pp. 1–20, in P. Park, et al. (eds.), *Voices of Change: Participatory Research in the United States and Canada*. Toronto, Canada: OISE Press.

Patton, M. Q. (1997). *Utilization-Focused Evaluation: The New Century Text* (3rd edition). London: Sage.

Pinderhughes, E. (1995). "Empowering Diverse Populations: Family Practice in the 21st Century," *Families in Society*, March: 131–140.

Rahman, M. A. (1991). "The Theoretical Standpoint of PAR," in O. Fals Borda &

M. A. Rahman (eds.), *Action and Knowledge: Breaking the Monopoly with Participatory Action Research*. New York: Apex Press.

Rahnema, M. (1990). "Participatory Action Research: The Last Temptation of Saint Development," *Alternatives*, 15: 199–210.

Ristock, J. & J. Pennell (1996). *Community Research as Empowerment*. NY: Oxford University Press.

Saskatoon Community Clinic (1995). *Sharing Our Health Circle: The Grandmothers' Health Assessment Report*. Saskatoon, Canada.

Scriven, M. (1993). *Hard-Won Lessons in Program Evaluation*. San Francisco: Jossey-Bass.

Spork, H. (1994). *Standing Tall: A Resource on the Development of a Self-Support Group for Women with a Mild Intellectual Disability*. Wildwomen's Group Project. Queensland, Australia.

Stark, E. & Flitcraft, A. (1995). "Killing the Beast Within: Woman Battering and Female Suicidality," *International Journal of Health Services*, 25 (1): 43–64.

Stringer, Ernest T. (1996). *Action Research: A Handbook for Practitioners*. London: Sage.

Tandon, Rajesh (1988). "Social Transformation and Participatory Research," *Convergence*, 21(2–3): 5–18.

Wallerstein, N. (1993). "Empowerment and Health: The Theory and Practice of Community Change," *Community Development Journal*, 28 (3): 218–227.

Weiss, Carol H. (1993). "Where Politics and Evaluation Research Meet," *Evaluation Practice*, 14 (1): 93–106.

社會學　蔡文輝／著

　　社會學是一門研究人與人之間互動的社會科學，它試圖了解並分析人與團體、社會組織以及社會體系的相互關係，因此，社會學的範疇廣及家庭、政治、經濟、教育、宗教、社會等靜態與動態層次。本書以簡潔的文字將社會學的基本概念深入淺出地介紹給讀者，同時將中國社會結構的介紹充分與西方社會學概念整合，是每一個對社會學有興趣者必讀的入門書籍。

社會學　石計生／著

　　本書特色主要有三：(1)在傳統的基礎下，強調於變遷中的社會理解；(2)入問題，具備社會理論強度的內容；(3)盡量以圖文並茂和臺灣社會具體實例說明社會的變遷與理論意涵，把艱澀的社會學觀念融化於案例之中。本書兼顧傳統與當代的變遷，讀者能經由閱讀本書獲得社會理論與實際經驗的對話，從中獲得入世的原則與澄明的視野，更能理解當代社會，培養獨立思辨的能力。

社會學概論　蔡文輝、李紹嶸／編著

　　誰說社會學是一門高深、難懂的枯燥學科？本書透過簡明生動的文字，搭配豐富有趣的例子，帶領讀者進入社會學的知識殿堂。本書特色在於：採取社會學理論最新的發展趨勢，以綜合性理論的途徑，精闢分析國外與臺灣的社會現象與社會問題；此外，每章結尾並附有選擇題和問答題供讀者複習與反思之用，是一本值得您一讀再讀的社會學入門書籍。

社會學概要　何文男、李天賞／編著

　　本書是專為大專學生以及一般社會青年所編寫的社會學基礎讀物，為了初學者的閱讀方便，本書盡量避免使用深奧模糊的理論和術語，力求以簡單扼要的文字來敘述，並以通則性和概括性的方式，有系統地介紹社會學的重要基本概念、現代社會的基本要素、制度型態和社會現象及其變遷，期使讀者獲得整體的社會學概念，從而對我們的社會有更深一層的理解。

社會學導論　　彭懷真／編著

　　本書是認識社會學的基礎讀物，以簡單易懂、清晰扼要的文字，帶領讀者一步步進入社會學的知識殿堂，了解何謂社會學，以及認識文化、社會化、社會互動、社會組織、社會階層化、社會流動、社會變遷等重要的社會學議題，進而明白個人與社會的關係。本書的目標在使社會學成為淺顯易懂的生活知識，使讀者能運用社會學的觀點，來理解個人生活與社會現象。

社會學理論　　蔡文輝／著

　　本書以簡潔易讀的文字，有系統地介紹當代西方社會學主要理論學派的概念和理論架構。對功能論、衝突論、符號互動論、交換論及其代表人物皆有詳盡的說明。其他次要理論如標籤論、社會演化論、俗民方法論、現象論、女性主義等亦有介紹。本書緊扣理論的精華並以客觀立場評其得失，不僅是社會學系學生學習之指引，也是其他社會科學系學生不可或缺之參考書。

人口學　　蔡宏進／著

　　人口學是社會科學的基礎學科之一，更是社會學領域的重要學門。作者以淺顯易懂的文字，開啟讀者對人口研究的認識之門。本書論述人口研究的重要性與發展趨勢，並論及人口研究的方法與理論、歷史與變遷、相關重要概念、人口與其他多項重要變數的關聯。全書架構完整，囊括人口學的重要議題，為對人口學有興趣的讀者必讀之佳作。

健康、疾病與醫療：醫療社會學新論　　葉肅科／著

　　本書重新定義健康、疾病與醫療等概念，最大特點在於將其範圍擴展到醫療以外、整體醫療保健體系，甚至一切和健康與疾病問題有關的領域。本書的撰寫力求兼顧國際性與本土性、理論性與應用性、科學性與通俗性，適用於大專院校相關課程的教學，可讓學生對於健康、疾病與醫療研究領域有更深入的了解，對於研究社會科學的醫療專業人員而言，本書亦具實用性。

批判社會學　黃瑞祺／著

　　本書從定位批判社會學開始，在社會學的三大傳統之間，來釐清批判社會學的地位和意義。繼則試圖站在批判理論的立場上來評述主流社會學。再則從容有度地探究批判理論的興起、義蘊以及進展。最後則是從批判社會學的立場來拓展知識社會學的關注和架構。本書的導言和跋語則是從現代性的脈絡來理解批判社會學。現代性／社會學／批判社會學乃本書的論述主軸。

全球化與臺灣社會：人權、法律與社會學的觀照

朱柔若／著

　　臺灣無法自外於世界體系之外，在這個背景下，本書首先以全球化與勞工、人權與法律開場，依序檢視全球化與民主法治、全球化與跨國流動、全球化與性別平權，以及全球化與醫療人權等面向下的多重議題，平實檢討臺灣社會在全球化的衝擊之下，所展現的多元面貌與所面對的多元議題。

邁向修養社會學　葉啟政／著

　　本書檢討當代西方社會學論述中常見的兩個重要概念——「結構」與「人民」，並敘述形構當代社會的基本結構樣態與其衍生的現象。作者特別強調「日常生活」在當代西方社會學論述中所具有的特殊意義，透過此概念，作者回到人作為具自我意識狀態之「行動主體」的立場，重新檢視「修養」對於理解現代人可能具有的社會學意涵。

政治社會學：政治學的宏觀視野　王晧昱／著

　　本書並重中國傳統思想和西方政治理論的解析，思索人性與不完美的社會，析論國家與政治權力之緣起、運作及其發展，解釋政治社會中利益的矛盾和權威的不等分配所造成的社會衝突和權力鬥爭現象，並檢視世界的「現代化」發展及其政治走向，以及反思當今的「後工業社會」，和資本主義宰制的「全球化」發展走勢。

社會運動概論　何明修／著

從 1979 年的美麗島事件，到 2005 年的醫療改革大遊行，當我們將這些集會遊行視為稀鬆平常時，你是否真的理解所謂的社會運動？社會運動本身即是一種複雜的現象，因此作者不預設社會運動的本質，從各種經驗現象出發，除了導入諸多理論觀點，容納更豐富的議題討論外，更以本土經驗與外國理論對話，援引臺灣社會運動的研究成果，讓抽象的概念與理論，也能融入本土的參照點。

都市社會學　王佳煌／著

現代都市不斷地興起和蔓延。尤其在人口極度密集的臺灣，幾乎所有人都曾經在都市中生活過，都市生活的問題、議題與各種驚人的統計數字，在在引發都市社會學的想像。作者生長在臺灣，也棲身於都市之中，因此除了理論的介紹外，還著重解讀臺灣的各種都市社會現象，並以不同的「城市」觀點（如資本城市、權力城市、數位城市等），剖析都市社會學的種種面貌。